BURGEN
IN SACHSEN-ANHALT

MICHAEL PANTENIUS

WEITERE REISEFÜHRER AUS UNSERER REIHE

Altmark • Erfurt • Der Lutherweg • Halle (Saale) • Magdeburg • Merseburg •
Musikleben in Sachsen-Anhalt • Die Weinstraße Saale-Unstrut •
Wittenberg – Dessau – Wörlitz. Die UNESCO-Welterbestätten

mitteldeutscher verlag

Auf der Wasserburg Egeln

★ 5 TOP-TIPPS

RUDELSBURG

Von hier ging vor 200 Jahren die „Burgenromantik" aus: In ihren uralten Mauern entstand das Volkslied „An der Saale hellem Strande". Die Rudelsburg ist ein Muss für alle Touristen, die den Süden des Bundeslandes besuchen.   S. 20

NEUENBURG

Die größte Burg im Land birgt viele Zeugen aus dem hohen Mittelalter, unter ihnen eine prachtvolle romanische Doppelkapelle. Ritterspektakel, ein Weinmuseum und glanzvolle Musikfestspiele ziehen Gäste aus ganz Deutschland an.   S. 35

BURG FALKENSTEIN

Rund 25 Burgen in Deutschland und in Österreich tragen diesen Namen, aber die Burg Falkenstein hoch über dem Selketal ist wohl die schönste unter ihnen und deshalb eines der beliebtesten Ausflugsziele im Harz.   S. 65

BURG QUERFURT

Vor über tausend Jahren wurde in der Burg Quernmordiburch der hl. Brun geboren, auf den Fundamenten seiner Kirche entstand um 1174 ein Kleinod der romanischen Sakralbaukunst, das sich bis heute erhalten hat.   S. 89

WASSERBURG EGELN

Jeder Stein kann eine Geschichte erzählen: von den Magdeburger Erzbischöfen, die im Gemäuer frohe Feste feierten, von General Blücher, der 1813 hier Quartier nahm, und von der preußischen Königin Luise, die in der Burg Zuflucht fand.   S. 133

★ 5 ENTDECKER-TIPPS

BURG UND FESTUNG REGENSTEIN

Auf einem steilen Sandsteinfelsen nahe Blankenburg liegt die älteste Höhlenburg Deutschlands.
32 Räume wurden vor über 1.000 Jahren aus dem
Fels geschlagen. Schon Goethe war beeindruckt
und hat seinen Zeichenstift gezückt.   S. 55

KÖNIGSPFALZ TILLEDA

Die mittelalterlichen Herrscher zogen von Pfalz zu
Pfalz, hielten Hof und auch Gericht über ihr Volk.
Dicht am Kyffhäuser kann man die einzig vollständig ergrabene Pfalz in Deutschland besuchen. Geschichte wird lebendig.   S. 88

BURG GIEBICHENSTEIN

Um die älteste Burg an der Saale ranken sich Legenden, vor allem sind hier romantische Lieder entstanden. Im Gedicht „Bei Halle" bekennt Joseph von
Eichendorff, dass es für ihn keinen schöneren Platz
auf Erden gibt.   S. 111

BURG UMMENDORF

Seit fast 90 Jahren residiert hier das Bördemuseum,
in ihm sind wertvolle Sachzeugen aus der beweg-
ten Geschichte der Region zu sehen. Schön ist der
Kräutergarten, der alle Pflanzen hegt, die im Mittelalter Lebensmittel waren.   S. 128

BURG- UND MITTELALTERFESTE

Sie sind für viele Burgenfreunde die Höhepunkte im
Kalenderjahr! Und deshalb gibt es wohl keine Burg,
in der sie nicht stattfinden: mit „fahrenden Spielleuten" und „edlen Rittern", Gauklern, Markttreiben
und allerlei Allotria.   S. 164

BURGENLAND SACHSEN-ANHALT

Historiker schätzen, dass es in der Zeit zwischen 800 und 1500 n.Chr. im deutschsprachigen Raum etwa zehn- bis dreizehntausend Burgen gegeben hat. Von dieser enormen Zahl entfallen etwa 1.000 auf das Gebiet des heutigen Sachsen-Anhalt. Hier gab es weit mehr Burgen als anderswo, und das hatte seinen guten Grund. Über einen schwer zu ermessenden Zeitraum –

▲ Burg Wettin, Stadtseite
◄ Mittelaltermarkt auf der Neuenburg

bis in die Mitte des 12. Jahrhunderts n.Chr. – bildeten Elbe und Saale eine Grenze. Erst die des Karolingerreiches und der in seinen östlichen Provinzen siedelnden sächsischen Stämme, nach 919 die des ostfränkischen und wenig später des deutschen Reiches. Jenseits der Flüsse lebten noch nicht christianisierte slawische Völker.

Burgen, so wie sie vor unseren Augen stehen, feste, wehrhafte Bauten aus Stein, mit Mauern hinter Wällen, tiefen Gräben und hohen Türmen, hatte es – zumindest hierzulande – bis um das Jahr 800 noch nicht gegeben. Eine Burg war zu dieser Zeit kaum mehr als ein befestigter Platz, der Wohnsitz eines Grundherrn. Oft nur ein aufgeschütteter Hügel, erhöht um das Erdreich, das beim Ausheben eines Grabens angefallen war. Davor konnten noch ein oder zwei Wälle liegen. Wichtig war: Dieses Kastell musste groß genug sein, um bei Gefahr die bäuerliche Bevölkerung im Umkreis mitsamt ihrem Vieh aufnehmen zu können. Von diesen Volks- und Fluchtburgen hat sich kaum etwas erhalten, ihre Bauten bestanden aus Holz.

Mit der Zunahme der kriegerischen Auseinandersetzungen war es nötig, die befestigten Plätze weiter auszubauen.

Wo haben die Burgen gestanden? Manche sind ohne jede Spur von den Wäldern des Harzes überwuchert worden. Andere, besonders die frühen Volks- und Fluchtburgen, sind im Ried der Saale-Elster-Auen oder an den Ufern der Unstrut und der Elbe versunken. Zahlreiche Burgen hat man geschleift, sie wurden später überpflügt. Nicht wenige dienten als Steinbruch. Viele Burgen wurden – als sie durch die Entwicklung des Kriegswesens und der Militärtechnik ihre Funktion verloren hatten – zu Schlössern umgebaut. Während der napoleonischen Kriege und der sich anschließenden Be-

freiungskriege – zwischen 1803 und 1815 – begann eine nationale Bewegung, die später „Burgenromantik" genannt wurde. Vor allem Studenten – die oft an der Spitze der Freikorps gestanden hatten – zogen zu den Burgen. Sie sahen in ihnen Monumente nationaler Identität, Symbole einer „guten alten Zeit", und auch des Selbstbehauptungswillens der noch immer nicht geeinten Nation.

1818 wurde auf der Burg Saaleck der „Thüringisch-sächsische Verein für die Erforschung des vaterländischen Altertums und Erhaltung seiner Denkmale" gegründet. Es war Karl Friedrich Schinkel, der große königlich-preußische Baumeister, auf dessen Anregung und mit seiner maßgeblichen Unterstützung eine Bestandsaufnahme erfolgte und Gesetze erlassen wurden, die die Burgruinen und auch die noch bewohnten Wehrbauten unter staatlichen Schutz stellten. An diese noch unvollkommene Arbeit knüpften die Burgenforschung und die Denkmalpflege späterer Jahre an. Heute stehen die Burgen unter Denkmalschutz.

1.000 Burgen … Nachweisen lassen sich in Sachsen-Anhalt weit über 100, sichtbar sind noch etwa 80, den historisch interessierten Laien ziehen etwa 50 an. Von diesen Burgen werden 27 in diesem Buch ausführlicher vorgestellt, auf weitere wird hingewiesen.

IM BURGENLANDKREIS

Im südlichsten Kreis von Sachsen-Anhalt stehen die meisten Burgen. Hier, an Saale und Unstrut, aber auch an der Elbe war Grenzland, hier wurde verteidigt und von hier zog man zu Eroberungen aus. König Heinrich I. hatte 926 n. Ch. eine Burgenordnung erlassen. Sie schrieb verbindlich vor, ein dichtes Netz von Schutzburgen zu errichten. In der klassischen Phase des Burgen-

baus (1150–1300 n. Chr.) entstanden aus den zunächst vor allem zweckmäßig errichteten Kastellen prachtvolle Reichsburgen, auch Burgen der Herzöge, der Landgrafen und Grafen, der Erzbischöfe, die ihrerseits treuen Gefolgsleuten erlaubten, sich eine eigene Burg zu bauen. Die Namen der später im Schutz dieser bereits steinernen Vesten wachsenden Städte erinnern noch heute an ihren Ursprung: Naumburg, Schönburg, Freyburg, Haynsburg, Eckartsb(u)erga …

▲ Blick auf die Rudelsburg (l.) und Burg Saaleck

ECKARTSBURG

Bei kaum einer Burg im Land weiß man genau, wann sie zum letzten Male ihre ursprüngliche Funktion erfüllt hat: Verteidigung, Abwehr eines anstürmenden Feindes. Nur bei der Eckartsburg kennt man den Tag, sogar die Stunden. Im Morgengrauen des 14. Oktober 1806 wechselten die Mannschaften des preußischen Grenadierbataillons Schlieffen vom Söller des Bergfrieds aus Schüsse mit den andrängenden napoleonischen Truppen. Vergeblich. Den Franzosen gelang es – buchstäblich zu Füßen der Burg – das vereinte preußisch-sächsische Heer weitgehend aufzureiben und seine Reste in die Flucht zu schlagen. Die blutige Auseinandersetzung ist als Doppelschlacht von Jena und Auerstedt, als prägendes Ereignis in die Geschichte Deutschlands, ja Europas eingegangen.

KURZE GESCHICHTE DER BURG

Quellen berichten, dass Markgraf Eckart I. von Meißen die später nach ihm benannte Burg im Jahr 998 errichten ließ. Was überdauert hat, entstand im Wesentlichen unter den Ludowingern, im 12. und 13. Jh. Kaiser Heinrich V., die Burg war nach

Die Südseite der Burg mit dem Wohnturm und dem Palas

dem Aussterben der Ekkehardiner 1046 an das Reich zurückgefallen, schenkte sie 1121 dem Grafen von Thüringen, Ludwig I., dem Mann, um den sich als „Springer" Legenden ranken. Unter Ludwig und seinen Nachfolgern erlebte die Burg ihre Blütezeit. Damals entstand die Kernburg mit allen Bauten hinter der Ringmauer, die das Gelände – 65 x 30 m – heute noch umgibt.

Ob Ludwig und seine Nachfolger auf der Burg längere Zeit residierten ist ungewiss. Sie hielten zumeist auf der Neuenburg Hof, doch die Eckartsburg behielten sie im Auge. Sie war ein festes Glied im System der Landesverteidigung.

Nach dem Aussterben der Ludowinger kam die Burg an den Pfalzgrafen von Sachsen. Als er 1247 starb, entbrannte ein heftiger Streit um dieses Erbe. Noch im gleichen Jahr wurde die Eckartsburg belagert und erstürmt. Die Schäden waren gewaltig, und Brandspuren sind noch immer im Gemäuer nachweisbar.

Die Wettiner siegten. 1264 verlor Thüringen seine Selbständigkeit, die Landgrafschaft fiel an die Markgrafen von Meißen, die in den folgenden Jahrhunderten den Ton angaben und auf der Eckartsburg auch oftmals residierten. Ab 1485 war die Burg nur noch der Wohnsitz von Amtsleuten. Die Eckartsburg wurde schon damals gelegentlich als Schloss bezeichnet, war aber noch verteidigungsfähig. Ein Verzeichnis von 1546 listet drei leichte Geschütze und an die 30 Handfeuerwaffen auf. Zerstörungen im Dreißigjährigen Krieg waren nicht gravierend, die Wirtschaftsfunktion blieb: Noch im 18. Jh. standen Pferdeställe, Kornhäuser, Kornschüttböden. Dann wurde abgebrochen, Baumaterial gewonnen. Erst 1815 gebot der preußische König dem Treiben Einhalt. Ihm war Thüringen zugefallen. Die Burg wurde umfassend saniert, auch rekonstruiert. Wenn manches, was die Denkmalpflege dieser Jahre leistete, auch heutiger Erkenntnis widerspricht, so waren die Bemühungen doch verdienstvoll, und ohne sie wäre heute kam noch etwas überliefert. Die Eckartsburg wäre nicht, was sie heute ist: ein beliebter Ausflugsort an der Südroute der Straße der Romanik.

RUNDGANG

Schön und eindrucksvoll ist ein Rundgang um die Burg. Die Ringmauer ist vollkommen geschlossen, im Bereich der Kernburg noch romanisch, um die Vorburg gotisch. An mehreren Stellen – insbesondere an der Südseite – sind Fenster erhalten, auch der vorspringende schmale Jungfernturm, der bis zum 16./17. Jh. ein Halbturm war, zur Kernburg hin offen, später geschlossen und als Gefängnis benutzt wurde. Vor der südlichen Ringmauer ist der Burggraben noch gut zu sehen, an der West- und Nordseite ist er weitgehend verfüllt. Der tiefe Hohlweg an der Ostseite wirkt wie von der Natur gegeben, ist aber nachweislich ein Halsgraben, der zwischen der nicht mehr sichtbaren Vorburg und den heute vorhandenen Mauern gegraben wurde.

Gegenüber dem Zugang zur Burg steht – vor dem Panorama des Landes, das in Richtung Bad Sulza zur Ilm abfällt – ein Gedenkstein. Hier wird daran erinnert, dass Goethe bei seiner „Flucht" vor der „Franzosengefahr" am 17. April 1813 beim Anblick der Eckartsburg seine Ballade vom getreuen Eckart schrieb.

Der Zugang zur Burg erfolgt durch einen gut 3 m breiten tonnengewölbten Torbau. Er ist im Kern noch romanisch, über 8 m lang und war gut zu verteidigen. Seine Stärke ist durch das Fehlen eines Zwingers bedingt. Der Bergfried steht an der Angriffsseite und dominiert die Vorburg. Er wird auch Marter- oder Hungerturm genannt. Entstanden ist er im 13. Jh. Damals war der Bau (7 x 7 m) niedriger, er wurde später aufgestockt und misst nun 22 m (Mauerstärke 2,5 m). Der Eingang in 9 m Höhe war über eine Leiter zugänglich. Gegenüber liegt das Torhaus der Kernburg. Es ist noch massiver als das zur Vorburg und mit seinen 3,5 m starken Mauern und der erheblichen Tiefe (9,5 m) ganz und gar romanisch. Der die Kern-

Blick vom Wohnturm auf den sogenannten Marterturm (Bergfried)

WIESO SIND DIE MAUERN SO FEST?

Das war gute Handarbeit. Jeder Stein wurde sorgfältig ausgesucht, oft noch behauen und geglättet, dann eingefügt und mit dem nächsten durch einen Mörtel aus Sand und Kalk verbunden. An Stellen, die ganz besonders viel aushalten mussten, wurde der beste „Klebstoff" des Mittelalters benutzt. Das war ein Mischung aus Quark, Ochsenblut und Eiweiß. Dieser Mörtel wurde so fest, dass kein Rammbock (auf Seite 169 wird erklärt, was das ist) auch nur einen Stein lockern konnte. Man findet ihn noch heute im unteren Bereich von Ringmauern und Bergfrieden. Ob die Bauleute manchmal diesen Mörtel auch gegessen haben, darüber streiten die Geschichtslehrer und die Burgenkundler.

burg beherrschende Wohnturm wurde in romanischer Zeit auf einer Grundfläche von nur 10,3 x 10,3 m und mit einer beachtlichen Mauerstärke ausgeführt (2,7 m). Ursprünglich hatte er drei Etagen, von denen heute nur noch Balkenlöcher und -auflagen künden. In jüngster Zeit wurde eine massive Eichenholztreppe eingebaut. In halber Höhe führt eine Tür auf einen Umgang hinaus, von dem aus der Besucher bereits wesentliche Teile des Burggeländes überschauen kann. Der schönste Blick bietet sich von der zinnenbewehrten Plattform in 36 m Höhe. Von hier reicht der Blick bis weit hinein nach Thüringen und über die Stadt Eckartsberga ins Gebiet der Finne. Im Treppenhaus steht seit 1935 das Diorama der Schlacht von Hassenhausen. Mit insgesamt 6.000 Zinnfiguren wird die Situation am 14. Oktober 1806 um 10.30 Uhr dargestellt und auch über Lautsprecher ausführlich er-

läutert. Bis zu dem Punkt, dass die Schlacht einen Namen erhielt, der irreführend ist. Im südlichen Auerstedt (man kann das Dorf von der Plattform aus liegen sehen) befand sich das preußische Hauptquartier; gekämpft und verloren wurde bei und im nahen Hassenhausen (5 km östlich der Burg). Jena – das war eine andere Schlacht, die mit der von Auerstedt und Hassenhausen aus räumlichen Gründen in keiner direkten Verbindung stand.

Vom Palas stehen noch die ursprünglichen Mauern. Wer genau hinschaut, kann romanische Bauteile, u. a. Ansätze von Pfeilern, Reste eines Kamins und schöne Werksteine, erkennen. Im Palas ist heute ein Standesamt untergebracht. Die Hochzeitsfeiern finden im angrenzenden Rittersaal der Burggaststätte statt, die hier seit 1860, wenn auch in wechselndem Umfang und mit mehrfach verändertem Interieur, eingerichtet ist.

Lage: im äußersten Südwesten Sachsen-Anhalts, unmittelbar an der Grenze zu Thüringen. Auf einem Höhenzug über dem Städtchen Eckartsberga an der B 80 zwischen Naumburg und Weimar.
Parken: Im Vorfeld der Burg.
Tel.: (03 44 67) 30 20
www.eckartsberga.de
April–Okt. Mi.–Fr. 10–16 Uhr, Sa./So. 13–18 Uhr. Außerhalb dieser Zeiten Besichtigung nach vorheriger Vereinbarung möglich. Eintritt ins Burggelände frei, Besteigung des Turmes gegen Gebühr.
Trauungen auf der Eckartsburg
Standesamt, Tel.: (03 44 65) 6 02 35
Burgrestaurant „Zur Eckartsburg" und Kiosk in der Kernburg
Das gemütliche Restaurant in der Kernburg bietet seinen Gästen sowohl herzhafte Speisen und Getränke als auch Kaffee und Kuchen an. Bei schönem Wetter kann man auf der großen Sonnenterrasse entspannen. Kleiner Tipp: Auf der Eckartsburg kann auch ab 15 Pers. ein Rittermahl in historischer Kulisse bestellt werden (inkl. 5-Gänge-Menü, Tafelschneider und Spielleuten).
Burgweg 13 b, 06648 Eckartsberga
Tel.: (03 44 67) 2 04 15
www.eckartsburg.de
April–Okt. tgl. 10–19 Uhr, Nov./Dez., Febr./März Sa./So. ab 10 Uhr

▶ **ABSTECHER HOLLÄNDER-WINDMÜHLE**
Auf dem Sachsenberg, rechts oberhalb des östlichen Ortseingangs

Die Holländer-Windmühle

von Eckartsberga, steht und dreht sich die letzte der einst drei Holländer-Windmühlen aus der Mitte des 19. Jh. Die Mühle ist voll funktionstüchtig, und der Besucher erhält einen Einblick in das alte Handwerk. Schaumahlen und Brotbacken gehören zu den Attraktionen.
Tel.: (03 44 65) 70 19 12
April–Okt. Mi.–Fr. 10–16 Uhr, Sa./So. 13–18 Uhr

EXTRATIPP:
MUSEUM HASSENHAUSEN
Zum 200. Jahrestag der Schlacht von Jena und Auerstedt wurde im Pfarrhaus des kleinen Dorfes ein Geschichtsmuseum eingeweiht. Es präsentiert Dokumente und Sach-

Die Sommerrodelbahn gehört zum „Freizeitspaß Eckartsberga"

zeugen der Schlacht, darunter ein großes Zinnfiguren-Diorama. Das Museum korrespondiert mit mehreren Denkmalen im umliegenden Gelände, die an den Tod von etwa 20.000 Soldaten bzw. an die schwer verwundeten Kämpfer aller beteiligten Parteien erinnern. Dazu kommen 14 Steine, die das Schlachtfeld markieren, auf dem am 14. Oktober 1806 57.000 Männer fochten.

Lage: 7 km, an der B 80, Richtung Naumburg
Tel.: (03 44 63) 2 85 11
www.museum-hassenhausen.de
März–Okt. Di–Fr. 10–16 Uhr,
Sa. 14–17 Uhr, Nov.–Feb.
Fr. 10–16 Uhr, Sa/So. 14–17 Uhr

FREIZEITSPASS ECKARTSBERGA

Irrgarten: 4.300 dichte Koniferen stehen am 1.550 m langen Wegenetz. Wer gut ist, erreicht bereits nach 365 m das Ziel, die Aussichtsplattform, von der man den ganzen Irrgarten überschauen kann.

Sommer-Rodelbahn: Hier sausen auf einer Gesamtlänge von 850 m (Höhenunterschied 45 m) bis zu 50 Schlitten ins Tal. Zur Einrichtung gehören die Raststätte Rodlertreff und eine Miniaturgolfanlage.

Burgenland: Auf 6.000 m² ist eine Miniaturlandschaft mit Burgen und Schlössern aus Sachsen-Anhalt, Thüringen und Sachsen aufgebaut. Die schmucken Sehenswürdigkeiten im Maßstab 1 : 75 können bei einem Rundgang, aber auch während der Fahrt in einer Miniatureisenbahn besichtigt werden.

DinoWeltWäldchen: Die jüngste Attraktion der unter dem Stichwort „Freizeitspaß" Eckartsberga firmierenden Angebote zeigt auf rund 1.600 m² verkleinerte Nachbildungen der Urzeitriesen.

Tel.: (03 44 67) 4 03 59 (Irrgarten) • Tel.: (03 44 67) 2 00 19 (Sommerrodelbahn)
Tel.: (03 44 67) 4 03 73 (Burgenland, DinoWelt) • www.freizeitspass-eckartsberga.de
Alle Anlagen April–Okt. tgl. 10–18 Uhr

BURG SAALECK

Am schönsten ist der Burgenblick vom „Himmelreich". Das Ausflugslokal auf dem Felsen gibt es seit 1861. Tief unten fließt durch eine enge Kehre die Saale, und gegenüber, auf dem rechten Ufer, kaum einen Kilometer entfernt, stehen die wohl bekanntesten Burgen der Region.

So harmonisch, wie sie sich dem Blick bieten, ist es dort nicht immer zugegangen. Liegen zwei Burgen so dicht beieinander, so heißt das immer: Hier verlief einst eine Grenze. Hier wurde gestritten: um Hoheitsrechte, Ländereien, Geleitsrechte auf den Handelsstraßen, Zölle …

Auf Burg Saaleck lebten im 12. Jh. edelfreie Vögte. Sie waren Vasallen der Landgrafen von Thüringen. Die 28 m höher gelegene Rudelsburg haben Dienstleute der Bischöfe von Naumburg-Zeitz einige Jahrzehnte später erbaut. Natürlich um dem Feind auf Saaleck nah zu sein, um ihn zu kontrollieren, zu befehden.

KURZE GESCHICHTE DER BURG

Grabungen haben ergeben: Saaleck wurde bereits um 1050 als Grenzburg genutzt, ihre schriftliche Erwähnung erfolgte aber erst 1140. Sie war zu dieser Zeit bedeutend größer als die heutige Kernburg. Ihre Ringmauer reichte Richtung Norden vermutlich weit in das Gebiet des heutigen Dorfes hinein. Ab 1213 kam die Burg an die Schenken von Vargula, die hier eine Linie der Schenken von Saaleck gründeten. Die Schenken waren schlechte Ökonomen. Schon 1349 mussten sie ihren Besitz an das Bistum Naumburg verkaufen. So mancher Kirchenfürst nutzte nun Saaleck als Zufluchtsort und auch als abgeschiedene Bleibe für Festlichkeiten, die er im sinnenfrohen Stil nicht feiern durfte. Doch die Vögte und Amtmänner des Bistums wirtschafteten mit einiger Umsicht. Geholfen hat es letztendlich nicht: Nach der Reformation wurde auch Saaleck säkularisiert und dem Kurfürstentum Sachsen zugeschlagen. Der letzte Verwalter zog 1585 aus, die Burg diente bis 1804 den Bauern der Umgebung als Steinbruch. Dann kaufte ein Freiherr von Feilitzsch die Burg und stoppte den Verfall. Von dieser Familie pachtete 100 Jahre später der Schriftsteller Hans-Wilhelm Stein die Burg. Seine Witwe lebte hier bis 1950. In dieser Zeit – besonders um 1930 – wurde auf der Burg renoviert, restauriert und leider auch nicht wenig von der alten Bausubstanz verfälscht.

Nach 1945 kam Saaleck in die Rechtsträgerschaft der Stadt Bad Kösen. Sie übergab die Burg im

Jahr 2004 dem Heimatverein Saaleck e. V., dessen Mitglieder seitdem in enger Zusammenarbeit mit den Behörden der Denkmalpflege viel für den Erhalt der alten Mauern und die Landschaftspflege rund um die Burg leisten.

RUNDGANG

Über ein schmales Plateau – einen ehemaligen Zwinger – und durch das Eingangstor mit seinem „völkisch" wirkenden Charakter (Baujahr 1930) gelangt man unmittelbar auf den Hof der Kernburg. Er misst nur 50 x 13 m und ist im Norden und im Süden mit einer Ringmauer umgeben. Sie wurde oftmals ausgeflickt, originale Steine sind nur noch schwer erkennbar. Die beiden runden Türme aber stammen in ihrer Grundsubstanz aus der Bau-

Blick vom Ost- auf den Westturm der Burg Saaleck

17

zeit um 1050 n.Chr. Der Westturm (Höhe 23 m, Ø 9,4 m) ist romanisch, er besitzt Schlitzfenster, Reste eines Kamins und einen Aborterker, was belegt, dass er auch als Wohnturm genutzt wurde.

In den fünf Etagen wird anhand von Schautafeln die Baugeschichte erläutert und an wichtige Ereignisse erinnert: 1818 wurde auf Saaleck der „Thüringisch-sächsische Verein für Erforschung des vaterländischen Alterthums und Erhaltung seiner Denkmale" gegründet; in ihm waren Goethe, die Brüder Jakob und Wilhelm Grimm, Friedrich Schinkel und andere Persönlichkeiten Ehrenmitglieder. Der Verein trug den Grundstock des heutigen Landesmuseums für Ur- und Frühgeschichte in Halle zusammen. 1922 verschanzten sich im Ostturm die Mörder des Reichsaußenministers Walther Rathenau und kamen hier ums Leben.

Beim Aufstieg zur Plattform wird durch spätere Fenstereinbauten die Bauweise des Turmes einsehbar: Wandstärke 2 m, die Innen- und Außenmauern bestehen aus sorgfältig behauenen Muschelkalkstein-Quadern, zwischen innerer und äußerer Schale lagert ein Füllwerk aus Bruchsteinen, vergossen mit Kalkmörtel.

Von der *Plattform* (1930) bietet sich ein weiter Blick ins Thüringer Land und auf die nahe Rudels-

> ## AUF DER RUDELSBURG
>
> Dort Saaleck, hier die Rudelsburg,
> und unten, tief im Tale
> da rauschet zwischen Felsen durch
> die alte liebe Saale;
> und Berge hier und Berge dort
> zur Rechten und zur Linken –
> die Rudelsburg, das ist ein Ort
> zum Schwärmen und zum Trinken.
> …
>
> Hermann Allmers (1821–1902)

burg. Der *Burgbrunnen*, einst war er vom spurlos abgerissenen Palas und von Wirtschaftsgebäuden umgeben, wurde 1930 teilweise ausgegraben und neu gefasst. Er führte ursprünglich bis hinab auf das Niveau der Saale. Der *Ostturm* (ebenfalls 23 m Höhe, bis 14 m noch romanisch) trägt seinen alten Kegelhelm. Seit dem 16. Jh. wurde er mehrfach verändert, das hat, zusammen mit dem Umbau zum Wohnturm (ab 1930), seinen ursprünglichen Charakter teilweise überdeckt. In zwei Etagen werden u.a. Bodenfunde gezeigt, die die Existenz der „Saalecker Wildpferdejäger" vor 15.000 Jahren belegen.

Lage: ca. 6 km rechts der Kreisstraße von Bad Kösen nach Großheringen bzw. Camburg, am Südrand des Dorfes Saaleck auf einem hohen Muschelkalksteinfelsen. Parken: links und rechts

Die markanten zwei Türme der Burg Saaleck

neben der zweiten Brücke (hier auch Bootsanleger). Die Burg Saaleck ist für Behinderte nicht zugänglich.
Tel.: (03 44 63) 2 65 53
www.burg-saaleck.info
(Heimatverein Saaleck e. V.,
Burgstraße 2, 06628 Saaleck)
April–Okt. Mo.–Fr. 10–17 Uhr,
Sa./So. 10–18 Uhr
Berggaststätte „Himmelreich"
Die Gaststätte (mit Zimmervermietung) liegt in 210 m Höhe über dem Saaletal und ermöglicht zu thüringischer Küche und Wein aus der Saale-Unstrut-Region einen fantastischen Panoramablick auf die umliegenden Burgen. Sie verfügt

zudem über eine große Freiterrasse. Zum Kaffeekränzchen empfehlen sich die hausgemachten Kuchen und Torten.
Bergstraße 6, 06628 Bad Kösen
Tel.: (03 44 63) 2 73 91
www.himmelreich-bad-koesen.de
ab Ostern–Nov. tgl. 11–18 Uhr,
Dez.–Ostern Mi.–So. 11–17 Uhr
Pension und Gaststätte
„Schloss Saaleck",
Sulzaer Str. 1, 06628 Bad Kösen
Tel.: (03 44 63) 2 72 48
www.gasthaus-schloss-saaleck.de
April–Okt. 11–21 Uhr,
Nov.–März 11–18 Uhr

RUDELSBURG

Der Idealbegriff der mittelalterlichen Burg verbindet sich im mitteldeutschen Raum seit mehr als 200 Jahren mit der Rudelsburg. Sie entspricht den romantischen Illusionen von Rittertum und Ritterlichkeit. Zu tun hat das mit der Nähe dreier Universitäten: Jena, Halle und Leipzig. Nach den Befreiungskriegen gegen die napoleonische Fremdherrschaft versammelten sich hier die entstehenden Burschenschaften. Ihre Mitglieder hatten in den Kämpfen an vorderster Front gestanden. Aber ihr Ziel, die bürgerliche Freiheit – wiewohl im königstreuen Rahmen –, hatten sie nicht erreicht, und auch die Einheit Deutschlands lag in weiter Ferne. Nun wurden ihnen die alten Burgen Symbole einer (angeblich) besseren Zeit, Symbole für Einigkeit und Recht und Freiheit. Man traf sich auf der Rudelsburg. Hier schenkte der legendäre erste Wirt Samuel Wagner Saale-Unstrut-Wein aus. In einer lauen Sommernacht schrieb der Student Franz Kugler im Burghof weinselig das Lied, das zur „Hymne des Saaletals" wurde: „An der Saale hellem Strande".

KURZE GESCHICHTE DER BURG

1171 taucht die Rudelsburg erstmals in den schriftlichen Quellen

Blick von der Rudelsburg in Richtung Bad Kösen

auf. Hugo von Ruteleibisberg war Ministerialer der Naumburger Bischöfe, unter deren Herrschaft wurde die Veste gebaut. 1238 belehnte Bischof Engelhard die Markgrafen von Meißen mit der Burg. Sie hatten im Umland bereits Fuß gefasst. Vermutlich gab es allerhand Streit, zumal mit denen, die nun von den Markgrafen belehnt wurden. Die Ursachen der schweren bewaffneten Auseinandersetzung zwischen dem Ritter Kurtefrund und Naumburger Bürgern sind legendenumwoben. Angeblich griffen die Naumburger 1348 ein „Raubritternest" mit schwerem Geschütz an und zerstörten erhebliche Teile der Rudelsburg.

35 Jahre später waren die Herren von Saaleck kurzfristig auch Herrn der Rudelsburg, dann besaßen die Kurfürsten von Sachsen das Lehnsrecht, 1450, im sächsischen Bruderkrieg, wurde die Burg erneut belagert und erheblich beschädigt. Und wieder wechselten die Besitzer. Im Dreißigjährigen Krieg teilte die Rudelsburg das Schicksal der meisten Burgen der Region – sie wurde zerstört und später zum Steinbruch.

Die Burgenromantik des 19. Jh. hatte einen realen Effekt: 1868 begannen erste Sicherungsarbeiten, noch vorhandene Giebel wurden gestützt, Mauern ausgebessert, Fenster wieder eingesetzt, und ein „Rittersaal" eingebaut. 1897/98 kam ein Holzbau im Südflügel hinzu. Hier zog die Burggaststätte ein, die es noch immer gibt. Fast 100 Jahre wurde weiter geflickt, abgetragen, umgebaut. Eine grundlegende Bausicherung erfolgte mit wissenschaftlicher Begleitung und unter Einhaltung strenger Auflagen des Denkmalschutzes in den Jahren 1991/92.

Am äußeren Erscheinungsbild der Ruine hat sich dadurch zum Glück kaum etwas geändert. Noch immer sieht sie so aus, wie sie auf Grafiken des 18. und 19. Jh. dargestellt ist.

RUNDGANG

Vom Parkplatz kommt man unmittelbar zur Brücke, über sie zu den Resten des ehemaligen Osttores und auf den Burghof. Es empfiehlt sich, zunächst wenige Meter nach rechts auf den kleinen Platz am steilen Nordhang zu gehen. Von hier aus hat man den besten Blick auf die *Ostseite* der Burg und den Bergfried. Links und rechts des Torbaus sind die zinnenbekrönte Wehrmauer und die Schildmauer – beide gut erhalten – zu sehen, rechts erhebt sich der Giebel eines Baues, der zeitgleich mit dem Palas im Westen (etwa 1200/20) errichtet worden ist. Gut sichtbar sind u. a. der Altan auf drei Konsolsteinen und mehrere Fenster aus der Bauzeit.

Vom Platz aus geht man durch den *Halsgraben*, zunächst nach links.

Eingangsseite der Rudelsburg, im Hintergrund ist Burg Saaleck zu erkennen

Hier stehen die Reste des *südöstlichen Rondells*; es wurde im 15. Jh. errichtet. Der Weg führt unterhalb der Südwand der Burg durch einen sehr schmalen Zwinger zum *südwestlichen Rondell* und auf einem nur knapp einen Meter breiten Weg, unmittelbar an der Felskante unter der Westwand und der Nordwand, zum *nordöstlichen Schalenturm*. Er trägt einen Steinhelm und nach Osten Zinnen. Die *Westwand* und ein Teil der nur 1,5 m vor dem steil abfallenden Felsen stehenden *Nordwand* gehören zum Palas. Beide Wände zeigen noch originale Bausubstanz und -schmuck, darunter ein romanisches gekuppeltes Fenster mit Mittelsäule und Reste eines Altans. Während die Nordwand vom Schalenturm aus gut eingesehen werden kann, können die Details der Westwand nur mit dem Fernglas von Burg Saaleck aus

Vom ehemaligen Palas und seinem Untergeschoss sieht der Besucher wenig. Im Obergeschoss befindet sich neben dem Standesamt der „*Rittersaal*". Er wird für Festlichkeiten genutzt. Ihn schmücken 14 große Gemälde mit Motiven aus der Nibelungensage (Max Friese, 1916/17).

An den Wänden der *Gaststätte* an der Südseite wird die Geschichte der Burg durch zahlreiche Fotos, Grafiken, Gemälde etc. illustriert. Von der Gaststätte aus ist der *Bergfried* zugänglich. Von seinem 20 m hohen Söller hat man ein Blick ins Saaletal bis nach Bad Kösen.

Lage: ca. 6 km rechts der Kreisstraße von Bad Kösen nach Großheringen bzw. Camburg, am Südrand des Dorfes Saaleck auf einem hohen Muschelkalksteinfelsen. Parken: Auffahrt am Ende der Burgstraße bis unmittelbar vor die Burg, barrierefreier Zugang bis in den Burghof.

www.rudelsburg.com

April–Dez. tgl. 10–18 Uhr, Jan.–März Di.–Fr. 10–17 Uhr, Sa./So. 10–18 Uhr (gilt nur für den Hof der Kernburg und den Bergfried). Alle Außenanlagen sind jederzeit frei zugänglich.

Trauungen auf der Rudelsburg
Standesamt, Tel.: (03 44 63) 3 10

Burgrestaurant „Rudelsburg"
Neben deftigen Gerichten nach Thüringer Rezept und Bier vom Fass stehen auch leichtere Fischgerichte auf der Speisekarte. Wer es historisch mag, probiert das Rittermahl, das es auch in

betrachtet werden. Der Blickwinkel vom Pfad unter ihr ist zu steil.

Der *Hof der Kernburg* ist durch seine gastronomische Nutzung geprägt. Im Sommer dominieren Biergarten und Kiosk; in der Nordwand neben dem Aussichtsfenster ins Saaletal und hinüber zum „Himmelreich" sind Gedenktafeln für die Sänger der Rudelsburg, für Franz Kugler und Hermann Allmers, angebracht.

besonderer Zubereitung für Vegetarier, Kinder und Senioren gibt.

Burgstraße 33, 06628 Bad Kösen

Tel.: (03 44 63) 2 73 25

April–Dez. tgl. 10–18 Uhr, Jan.–März Di.–Fr. 10–17 Uhr, Sa./So. 10–18 Uhr

▶ **ABSTECHER**

DIE DENKMALE BEI DER BURG

Denkmal für die im Deutsch-Französischen Krieg 1870/71 gefallenen Corpsstudenten. Eingeweiht 1872. Nach Zerstörungen in den Jahren 1945/46 wurden die verbliebenen Teile 1998 restauriert.

Jung-Bismark-Denkmal. Eingeweiht 1896. Die 2,80 m hohe Bronzefigur zeigt den späteren Reichskanzler als Corpsstudenten. Das 1952 vollständig zerstörte Denkmal wurde originalgetreu wiedererrichtet und am 1. April 2006 eingeweiht.

Obelisk für Kaiser Wilhelm I. Eingeweiht 1890. 12,5 m hoch mit Bronzemedaillon und Inschriften. 1954 weitgehend zerstört, 1998 in wesentlichen Teilen rekonstruiert.

Löwendenkmal. Eingeweiht 1926. Der monumentale sterbende Löwe über zerbrochenen Lanzen steht für 2.360 im Ersten Weltkrieg gefallene Corpsstudenten. Das Denkmal sollte 1951 gesprengt werden, es wurde aber lediglich die Inschrift – ein Vers von Theodor Körner – herausgemeißelt. Heute ist das Denkmal restauriert und gilt auch den Opfern des Zweiten Weltkrieges.

Alle vier Denkmale wurden von den Cösener Corpsstudenten errichtet.

Das Jung-Bismarck-Denkmal zeigt den Reichskanzler als Corpsstudenten

SCHÖNBURG

Die Leistungen der mittelalterlichen Bauleute kann man nur bewundern. Auch bei der Schönburg haben sie grundsolide gearbeitet. Der 32 m hohe Bergfried steht seit fast 800 Jahren: massiv und unerschütterlich.

Eines aber hätten die alten Meister trotz aller Kunstfertigkeit nicht vermocht: die Saale zu untertunneln und dann einen unterirdischen Gang zu bauen, drei Kilometer lang bis zur Burg Goseck – zudem heimlich und wasserdicht. Doch eben das wird behauptet. Ludwig, Graf von Thüringen, der Herr der Schönburg, habe den Bau des Gangs befohlen, um sich seiner Geliebten, Adelheid von Stade, unauffällig nähern zu können. Sie lebte als Gemahlin des Pfalzgrafen Friedrich III. auf Goseck. Ob Ludwig wenig später den Pfalzgrafen erschlagen hat, ob es Adelheid war oder Mordbuben geworben wurden, ist nie geklärt worden. Aus der Gefangenschaft auf dem Giebichenstein bei Halle soll Ludwig mit einem kühnen Satz in die Saale entkommen sein. Das brachte ihm den Namen „der Springer" ein. Die „mörderische" Liebesgeschichte zwischen Ludwig und Adelheid gehört zu den bekanntesten Saale-Sagen. Auf der Schönburg wird dem Touristen

heute erzählt, er könne nächtens das Liebespaar Arm in Arm durch die Gemäuer wandeln sehen …

KURZE GESCHICHTE DER BURG

Schon weit vor dem Bau der Burg haben Menschen auf dem steilen Buntsandsteinfelsen gesiedelt, bzw. sich bei Gefahr auf ihn zurückgezogen. Hier, 40 m über der Saale, soll es schon im 10. Jh. einen Militärstützpunkt der Ekkehardiner gegeben haben, doch die feste Schönburg wurde wohl erst nach der Jahrtausendwende errichtet. Wann genau? Darüber hat man lange spekuliert. Neuere Forschungen ergaben, dass sie Ludwig der Springer

Der Bergfried dominiert die Burg

Der Aufstieg zur Schönburg

nicht gebaut hat. Urkundlich wird die Burg erst 1157 erwähnt, sie gehörte damals der edelfreien Familie von Schönburg (sconenber), die sich an der deutschen Ostexpansion maßgeblich beteiligte. Um diese Zeit waren die wichtigsten Anlagen – rechnet man eine Bauzeit von etwa 50 Jahren – wohl bereits fertiggestellt. Die Herren von Schönburg stiegen auf, sie wurden Ministeriale – also hohe Beamte – der Bischöfe von Zeitz-Naumburg.

Ihre Burg kam bereits 1235 in den Besitz der Naumburger Bischöfe. Ihr schöner Sommersitz wurde im Sächsischen Bruderkrieg 1446 weitgehend zerstört, der Bergfried und die Ringmauern blieben erhalten. Nach der Reformation und der Auf-

lösung des Bistums übernahm der sächsische Kurfürst das Regiment. Er bestimmte die Vorburg zum Sitz eines Amtes und ließ für seine Leute einige Gebäude errichten, später zog auch ein landwirtschaftlicher Betrieb auf den Felsen. Gut hundert Jahre später – 1668 – schien das Ende nahe: Alle Amtsgüter wurden an die Bauern von Schönburg und Possenhain verkauft. Sie nutzten die Burg auch als Steinbruch, aber – vorsichtig wie sie waren – ließen sie die Wehranlagen weitgehend stehen. Schon im Jahr 1800 begannen Rekonstruktionsarbeiten, die im gesamten 19. Jh. fortgeführt wurden. Bald fühlten sich auf der Schönburg auch die Romantiker heimisch. Unter ihnen der erst 16 Jahre alte Fried-

Der Aufgang zur Burg gleicht einer Rampe. Sie mündet auf einem kleinen Platz, auf dem früher eine Bastion das Tor der Vorburg schützte. Das jetzt Vorhandene stammt aus der kurfürstlichen Zeit, die lange Mauer linker Hand aber noch aus den Gründungsjahren der Burg. Auf ihr sieht man noch Zinnen und die Auflagen des Wehrgangs. Von großem Interesse ist der Durchgang zum Altan über der Saale. Über dem romanischen Bogen ist ein frühchristliches Symbol, die Zahl Acht eingelassen, ein Motiv, dass es nirgends mehr in der Region gibt. Die Darstellungsform findet sich bereits bei den Römern. Die Zahl Acht war im 7. und 8. Jh. n. Chr. auch bei den Slawen ein Schmuckmotiv. Es bedeutet: Sechs Tage Arbeit, einen Tag Ruhe und einen Tag für die Ewigkeit. Wer es auf seinem Grabstein hatte, dem war die ewige Glückseligkeit sicher.

Ein interessanter Stein findet sich auch an der ehemaligen Försterei links vom Kellereingang. Er trägt altitalische Schriftzeichen, Oskisch und Etruskisch. Die Försterei, der Renaissancebau rechts vom Tor, wurde 1539/40 errichtet; heute befindet sich hier die Burggaststätte, und hier residiert auch der rührige Heimatverein des Ortes.

Am Ende der Mauer erhebt sich die Südwand des Palas (12./13. Jh.), davor liegen die Reste der Zwinger-

rich Nietzsche, der hier den künstlerisch-wissenschaftlichen Verein „Germania" gründete.

Seit 1924 gehört die Schönburg der Stadt Naumburg, die man – sie ist nur 4 km entfernt – von der Burg aus sehen kann.

RUNDGANG

Schon der Anstieg zur Schönburg hat seinen besonderen Reiz. Er beginnt an einer hohlen Gasse, die das Dorf von der Burg trennt. Sie wurde vor Jahrhunderten, vermutlich als Halsgraben, durch den Buntsandstein geschlagen. Daraus entstand später ein vielbefahrener Handelsweg, und noch heute kann man auf dieser untergeordneten Straße in wenigen Minuten Naumburg erreichen.

WARUM GIBT ES AUF DEN BURGEN GEISTER UND GESPENSTER?

Auf den Burgen hat es auch Bösewichter gegeben. In manchen lebten Raubritter, die Kaufleute überfielen, die stahlen und mordeten. Plötzlich traf sie das Schwert eines edlen Ritters. Da starben sie also in ihrer Sünde. Wenn jemand mit einem ganz schlechten Gewissen plötzlich starb, also noch bevor er beichten, seine Sünden bereuen und um Vergebung bitten konnte, so fand er im Grab keine Ruhe. Er lebt als Geist weiter und spukt herum. Es gab aber auch Frauen, die ihre bösen Taten nicht ruhen lassen. Adelheid von Stade zum Beispiel. Sie ließ ihren Mann heimtückisch ermorden, um ihren Geliebten, den Grafen Ludwig von Thüringen heiraten zu können. Nun geht sie als Weiße Frau um. Zum Beispiel auf der Schönburg. Allerdings: Gespenster, Geister und Weiße Frauen zeigen sich nie am Tag. Immer erst um Mitternacht und meist nur bei Vollmond. Da sind die Burgen, die ihr besuchen könnt, geschlossen.

mauer und die hohe Mauer, die zum Kammertor, dem Zugang zur Kernburg führt. Hier sind noch Scharten und einen Gießschlot zu sehen, aus dem brennendes Pech auf Angreifer gegossen werden konnte. Erkennbar sind die Führungen des Fallgitters und der Zugbrücke, die über den heute aufgefüllten Graben führte.

Im Gerichtshaus der Naumburger Bischöfe (im Kern 12. Jh.), rechts hinter dem Kammertor, unterhält das Standesamt Naumburg eine Außenstelle. Getraut wird im „Rittersaal", für die Feier stehen die Räume der Burggaststätte zur Verfügung, aber auch ein moderner Glas-Stahl-Pavillon in der Vorburg.

Dominierend ist der Bergfried. Es gilt als gesichert, dass er erst um 1230 errichtet wurde. Ungewöhnlich ist sein Maß: 32 m Umfang und 32 m Höhe bei einer Mauerstärke von bis zu 3,60 m. Der Eingang befand sich einst in 8 m Höhe und konnte nur vom Palas bzw. der südlichen Wehrmauer der Kernburg aus erreicht werden. Dass er auch als Wohnturm diente, belegt u. a. ein Kamin (um 1220) im Eingangs-

Portal auf der Schönburg

In der gemütlichen Burgschenke

geschoss. Vitrinen auf den Etagen präsentieren wenige Sachzeugen, die bei Grabungen ans Licht kamen. Dazu kommen Dokumente zur Burg- und Ortsgeschichte, die auch die jüngere Vergangenheit belegen. Die Schönburg war und ist seit 1952 für ihre Sängerfeste bekannt. 1955 fand es unter dem Motto „Ob Bayern, Sachsen, Ostseestrand – wir kennen nur ein Vaterland" statt, ein Bekenntnis, dass schon im Jahr darauf nicht mehr öffentlich geäußert werden durfte. Der Blick vom Umgang der Plattform reicht weit ins Land, u. a. hinüber nach Goseck. Diesen Blick hatten einst die Bewohner des Palas, von dem nur noch die Wand des Westflügels mit zwei romanischen Drillingsfenstern steht.

Lage: von der A 9, Abfahrt Naumburg, auf der B 180 bis zur Einmündung auf die B 85 (Weißenfels–Naumburg), rechts fahren bis Plennschütz, von hier aus auf einer Nebenstraße ca. 8 km bis zum Dorf Schönburg. Parken: rechts am Fuß der Burg; es ist auch möglich, bis in die Vorburg zu fahren, die Auffahrt ist aber recht steil und schmal.

www.schoenburg.de

Jan.–März Mo.–Do. nach Vereinbarung, Fr.–So. ab 11 Uhr, April–Dez. tgl. ab 11 Uhr

Trauungen auf der Schönburg

Standesamt, Tel.: (0 34 45) 27 33 61

Burgschänke Schönburg

Das zumeist deftige Essen kann man sich in rustikalem Ambiente schmecken lassen oder im Sommer bevorzugt im Biergarten.

Burgweg, 06618 Schönburg

Tel.: (0 34 45) 75 02 18

www.burgschaenke-schoenburg.de

Jan.–März Mo.–Do. nach Vereinbarung, Fr.–So. 11–22 Uhr, April–Dez. tgl. 11–22 Uhr

HAYNSBURG

Von Mönchen und Priestern wird erwartet, dass sie ein gottgefälliges Leben führen. Johann Sidonius, geboren 1628, Kanonikus und Kustos an der Zeitzer Stiftskirche, stand danach nicht der Sinn. Es heißt, er führte ein „unstetes und ruheloses Leben". Das wurde ihm zum Verhängnis. Seine Oberen nahmen ihn erst ins Gebet, dann in Haft. Ab 1685 lebte er in einem Verlies auf der Haynsburg, in einem Wehrturm, der seit dem Tode des unheiligen Mannes 1692 dessen Namen trägt. Heute ist der Sidonis-Turm, in dem über dem Gefängnis die Burgkappelle lag, sorgfältig restauriert, und in ihm befindet sich ein Standesamt.

KURZE GESCHICHTE DER BURG

Wann der Grundstein der Höhenburg im Hain, besser am heiligen Hain der hier ursprünglich ansässigen Slawen, gelegt wurde, weiß man nicht. Ihr Name findet sich 1185 in einem Dokument der Edelherren de Hagenberg. 100 Jahre später muss sie durchaus etwas Wert gewesen sein, denn Friedrich I., Markgraf von Meißen, erwarb sie 1295 nebst einiger dazugehörenden Ländereien für 400 Mark Silber. Das war viel Geld in einer Zeit, in der die Naturalwirtschaft noch dominierte. 400 Mark – rund 100 kg Edelmetall. Was die Bischöfe von Naumburg-Zeitz 1305 bezahlt haben, ist nicht bekannt, sie blieben hier, im stärksten Bollwerk an der Mittleren Weißen Elster, 300 Jahre lang die Hausherren. Ihre Burg schützte die Handelswege, die auch Heerwege waren (die Bischöfe waren gelegentlich auch Kriegsherren) und die Furten über den Fluss. Die Haynsburg war jedem Gegner ein arger Stachel im Fleisch, einzunehmen war sie nicht, auch nicht im Sächsischen Bruderkrieg 1450. Nach der Auflösung des Bistums 1549 fielen die Burg und ihr Landbesitz an die Wettiner, sie wurde kursächsische Domäne. Landwirtschaftsbetrieb blieb sie auch unter den Preußen, die 1815 das Land um Zeitz übernahmen. Nach 1945 konnte die DDR an diese Tradition anknüpfen, nach einem Intermezzo als Provinzialgut Sachsen-Anhalt entstand ein volkseigenes Gut.

Die Gebäude um den Bergfried, der nahezu unverändert alle Zeiten überdauert hat, sind heute vorbildlich saniert. Im Bauensemble, das sehr dicht an den Bergfried herangerückt ist, befinden sich ein Heimatmuseum, das Gemeindeamt, der Kindergarten, natürlich eine Burgschänke und ein Winzerkeller. Im Vorfeld der Burg – auf den ehemaligen Wirtschaftshöfen – woh-

Die Südfront mit dem Sidonius-Turm

nen noch heute Haynsburger Bürger, neu aber ist ein Reiterhof mit großer Reithalle, in der das ganze Jahr geritten werden kann, auch Kremserfahrten werden angeboten.

RUNDGANG

Der innere Burghof lässt sich von zwei Seiten betreten. Von der Westseite durch einen schmalen, wenig einladenden Durchgang und an der Nordseite. Hier kommt man durch einen großen romanisierenden Bogen; links von ihm – an der Außenwand – sieht man in erheblicher Höhe das große in Sandstein gehauene Wappen des Bischofs Peter von Schleinitz, der in der Mitte des

15. Jh. wichtige Baumaßnahmen einleitete. Sie wurden unter Bischof Johann III. von Schönberg ab 1515 fortgesetzt. Die Bausubstanz der Gebäude um den Bergfried stammt im Wesentlichen aus jenen Jahren. Attraktion ist der runde Bergfried vom Typ Butterfassturm. Auf einem Unterbau (Höhe 12,81 m) mit 4,5 m starken Mauern erhebt sich ein 12 m hoher Turm von nur 8,80 m Durchmesser. Das Mauerwerk des Unterbaus besteht aus sorgfältig behauenen und kunstvoll gefugten Sandsteinquadern, die größten messen 1,20 m x 40 cm. Am Ansatz des Oberbaus befand sich ein 1,77 m breiter umlaufender Wehr-

gang. Hier lag der einzige Zugang zum Bergfried, er musste mit Strickleitern erklommen werden. Eine ebenerdige Tür wurde erst 1880 eingebrochen, aus diesem Jahr stammt auch die Holztreppe im Inneren. 132 Stufen führen hinauf zur Plattform, deren Zinnen sind heute Fenster. Aus ihnen hat der Besucher nach allen Seiten einen weiten Blick ins Land. Der Kegel auf dem Turm ist eine Zutat des 19. Jh.

Den Weg zu Burggraben und Südfront muss man sich suchen, denn Hinweisschilder fehlen. Er beginnt gegenüber dem nördlichen Eingang, führt über einen Hinterhof, vorbei an Mülltonnen und Containern. Aber der Weg lohnt. Rechter Hand sind Reste der Burgmauer zu sehen, linker Hand fällt das Gelände steil in einen sehr tiefen Burggraben ab. Am Ende der Mauerreste beginnt der alte Zwinger, in dem nun Obstbäume wachsen und Kindergartenknirpse auf ihrem Spielplatz toben können. Die Ostseite bietet wenig Eindrucksvolles, aber dann kommt die eigentliche Überraschung: die langgestreckte Südseite, ein Mauerwerk gut 10 m hoch aus massivem Naturstein gefügt. Auf dieser Mauer stehen die Fronten der südlichen Gebäude des Burghofes, und am westlichen Ende ragt der Sidonius-Turm heraus. Das heißt: Der Innenhof liegt wesentlich höher. Unter ihm befinden sich Gewölbe. Einige von ihnen

Mauerwerk aus massivem Naturstein

können bei Führungen bereits besichtigt werden. Am Ende der Südfront wurde eines so freigelegt, dass es von außen betreten werden kann. Man kann die Dimensionen der Tiefkelleranlagen unter der Haynsburg erahnen. Wie sie genutzt wurden, weiß der Burgenfreund: Vorratskeller aller Art, als Rüstkammern, später wohl auch als Pulvermagazine und als Weinkeller. Rund um die Haynsburg wurde seit dem 10. Jh. Wein angebaut. Seit wenigen Jahren wachsen zu ihren Füßen wieder Reben, wird guter Wein gekeltert, edle Tropfen von der Weinroute an der Weißen Elster werden auch im Winzerkeller ausgeschenkt.

Lage: ca. 10 km westlich von Zeitz an der Kreisstraße Richtung Eisenberg, am

Abzweig Haynsburg über die Brücke der Weißen Elster, ca. 2 km bis zur Ortsmitte. Parken: in der Vorburg.
Tel.: (03 44 25) 2 76 17 (Heimatverein)
www.vgem-dzf.de
Mai–Okt. So. 13–16 Uhr oder nach Vereinbarung. Führungen möglich. Bergfried. tgl. 9–17 Uhr.
Trauungen auf der Haynsburg
Standesamt VG Droyßiger-Zeitzer Forst
Tel.: (03 44 25) 41 40
Burgschänke und Herberge
„Zur Haynsburg"
Geräucherte und gebratene Speisen aus der Saale-Unstrut-Region sowie Wein aus Fässern und Bier laden zur Verkostung ein. Das mittelalterlich gekleidete Personal serviert in der Burgschänke, Jagdstube oder dem Biergarten. Für Bewegungswütige steht überdies ein Tanzsaal zur Verfügung.

Hauptstraße 10
Tel.: (03 44 25) 3 06 67
www.zur-haynsburg.com
Mo. 11–14 Uhr, Di.–So. ab 11 Uhr
Winzerkeller
Tel.: (03 44 25) 71 24 84
Mi.–Fr. 13–17 Uhr

▶ ABSTECHER
DIE REICHSBURG BREITEN-BACH UND DIE KEMPE

Der Staufer Konrad III., seit 1138 deutscher König, hat mehrere Burgen und Städte gegründet. Das gehörte zur Politik herrschaftlicher Inbesitznahme weiter, bislang dünn besiedelter Gebiete. Es ging um die Verbreiterung der Machtbasis und – speziell hier im Gebiet südöstlich der Saale und der Elster – auch um die Abwehr möglicher Angriffe durch

Die Ruinen der Kempe

noch immer nicht gänzlich befriedete Slawenstämme. Um 1130 hatte ein Vasall des späteren Königs ein Jagdhaus auf dem an zwei Seiten durch eine Bachschlucht begrenzten Hügel bauen lassen. Bald wurde es nötig, die Anlage mit einem dreifachen Ring aus Gräben und Wällen zu sichern. In ihrem Schutz entstand eine Reichsburg. Sie gehörte in der Folgezeit zu einer Kette von Burgen, die eine Pfalz im kaiserlichen Forst und ein Jagdrevier schützen sollte. Es heißt, die Reichsburg bei Breitenbach sei bereits um 1260/70 ausgebrannt, sie war aber noch wehrhaft. Endgültig zerstört wurde sie erst 1315. Ihr damaliger Besitzer, Graf Heinrich von Stolberg, Bischof von Merseburg, verkaufte die Burg an das Bistum Naumburg. Unter den Bischöfen wurde noch im 14. Jh. aus den verwertbaren Steinen die unmittelbar neben der Burg liegende *Kempe* (volkstümlich für Kemenate) gebaut. Ebenfalls ein imposantes Bauwerk von fünf Stockwerken Höhe. Sie diente über längere Zeit als Fluchtburg für die Bauern und Hörigen des Umlandes.

Von der Reichsburg ist, bis auf geringfügige Mauerreste, nichts geblieben. Die Wälle und Gräben aber sind vorhanden und können vollständig begangen werden. Sie vermitteln einen Eindruck von der Militärstrategie der frühen Stauferzeit. Die Kempe ist seit Jahrhun-

Informationsstein an der Reichsburg

ten Ruine, ihr imposantes Gemäuer kann nicht betreten werden, ist aber aus geringer Distanz einsehbar. Grabungsfunde – ca. 400 Keramikbruchstücke und Metallobjekte – werden im Schloss Moritzburg in Zeitz bewahrt.

Lage: etwa 2 km südöstlich von Haynsburg, Hauptstraße aufwärts bis Ortsausgang, dann Beschilderung nach Breitenbach beachten. Achtung: In Haynsburg befindet sich kein Hinweis auf die Sehenswürdigkeit im Wald bei Breitenbach, auch in Breitenbach selbst muss man genau hinschauen, um den kleinen Wegweiser zu entdecken. Eine Gasse mündet in einen kleinen Platz. Parken: Von hier führt ein Pfad in den Wald. Zum Ziel etwa 150 m.

Das Gelände ist jederzeit frei zugänglich.

BURG UND SCHLOSS NEUENBURG

★ TOP-TIPP

Von der Neuenburg heißt es, sie habe nie ein feste Ringmauer besessen. Jedes Kind in der alten Winzerstadt kennt die Sage von der lebenden Mauer. Generationen haben sie erzählt, ausgeschmückt und variiert. Der Dichter Ludwig Bechstein hat sie aufgeschrieben.

Einst zechten Landgraf Ludwig II., genannt der Eiserne, und Kaiser Barbarossa auf der Neuenburg. Der Kaiser lobte den Saale-Unstrut-Wein und sagte zu seinem Schwager: „Du hast guten Wein, aber die Mauern deiner Burg sind schwach, mein Lieber. Das Häuflein Steine verdient den Namen Mauer nicht." Ludwig erwiderte vergnügt: „Sorget euch nicht, die schaffe ich, sobald ich eine brauche." – „Wie lange mag das dauern?" – „Drei Tage", lautete die Antwort.

Ludwig war sich seiner Sache sicher. In aller Stille schwärmten seine Boten aus. Sie forderten die Vasallen überall im Lande auf, mit ihren Truppen schwerbewaffnet nach der neuen Burg zu kommen. Dort trank und feierte man die Tage durch. Am

Auch heute noch kommen die „Ritter" zur Neuenburg, etwa Pfingsten zu den alljährlichen Pfingst-Ritter-Spielen

dritten Morgen sprach der Herr der Neuenburg: „Mein Kaiser, die Mauer steht. Kommt auf den Söller. Seht." Der Kaiser trat hinaus und staunte. Tausende Männer standen in Harnisch und Waffen dicht an dicht. Bewegt sagte Barbarossa: „Hab Dank, Ludwig, dass du mir diese Mauer gezeigt hast. Eine edlere und bessere habe ich Zeit meines Lebens nicht gesehen."

KURZE GESCHICHTE VON BURG UND SCHLOSS

Ludwig der Springer, Graf von Thüringen und von Sagen umwoben wie sein Sohn Ludwig II., genannt der Eiserne, hat die Burg um 1090 gegründet. Als der eiserne Landgraf mit dem Rotbart zechte, stand sie noch keine hundert Jahre, aber Wehranlagen wird sie schon besessen haben. Die Lage auf dem hohen Bergsporn über der Unstrut war günstig, von Süden und Westen konnte niemand wagen, sie anzugreifen, aber an der Nord- und an der Ostseite waren starke Mauern nötig.

Die Kernburg wurde im 12. und 13. Jh. durch zwei Vorburgen und ein doppeltes Wall- und Grabensystem gesichert, und es gab drei mächtige Bergfriede und auch Wohntürme.

Zur Zeit des Landgrafen Ludwig III. war die Neuenburg bereits repräsentativ ausgebaut, ihr Palas ein Zentrum der höfischen Kunst und Literatur. Hier gingen die Minne-sänger ein und aus. Heinrich von Veldeke hat vermutlich auf der Burg sein wichtigstes Werke vollendet, die Eneit, ein Epos über das Ritterleben, zu dem untrennbar die hohe Minne, die Verehrung einer „hohen Frau" gehörte. Unter Hermann, dem Bruder Ludwigs III., und dessen Sohn Ludwig IV., verheiratet mit der ungarischen Prinzessin Elisabeth (1235 als Elisabeth von Thüringen heiliggesprochen), wurde die zweigeschossige Burgkapelle vollendet, die heute ein Glanzpunkt an der Straße der Romanik ist.

Nach dem Aussterben der Ludowinger 1247 kam die Burg an die Markgrafen von Meißen und später an die Kurfürsten von Sachsen. Der Bau der Neuen Burg galt als abgeschlossen, sie bedeckte damals eine Fläche von ca. 30.000 m². Das war das Siebenfache der Wartburg! Im 14. Jh. begann der Umbau der gesamten Anlagen, aus denen im Laufe der Jahrhunderte ein Wohnschloss wurde. Die Arbeiten – bei denen viel von der ursprünglichen Substanz der Burg verlorenging – wurden immer wieder unterbrochen durch Belagerungen, Plünderungen und Zerstörungen, so im Sächsischen Bruderkrieg (1446–1451), vor allem aber im Dreißigjährigen Krieg. Den Herzögen von

▶ Die Neuenburg thront schützend über Freyburg an der Unstrut

UND WENN MAN MAL AUSTRETEN MUSSTE?

So bequem wie heute war es nicht. Von wegen Toilette mit Wasserspülung. Es gab Aborterker, auch „Haymlichkeit" oder „haymlich Gemach" genannt. Auf über die Burgmauer herausragenden Steinen stand ein winziges Häuschen, drinnen lag in Sitzhöhe ein Brett. In dem waren ein, selten zwei Löcher ausgeschnitten, so wie wir sie von unseren Toilettenbrillen kennen. Aber darunter war die freie Luft! Alles, was durch diese Öffnungen fiel, landete tief unten im Burggraben. Wie das Stroh, mit dem man sich abwischen konnte. Stroh war allerdings knapp, es wurde für die Tiere gebraucht. Deshalb benutzte man auch glatte Kieselsteine.

Auf manchen Burgen gab es schon Toilettentürme. Die „Hinterlassenschaften" der Bewohner fielen in eine Grube. Von Zeit zu Zeit wurde das Regenwasser aus dem Hof durch die Grube geleitet. Die Jauche floss durch einen Durchbruch in der Mauer hinunter in den Burggraben oder den Zwinger.

Sachsen-Weißenfels diente die Burg ab 1656 bis zum Erlöschen ihrer Linie (1746) als Sommersitz und Jagdschloss. 1815 fiel die Neuenburg an Preußen, damit begann bis 1945 die Nutzung der gesamten Anlage als Staatsdomäne. Dennoch wurde sie ab 1853 teilweise fachmännisch restauriert. Ein erstes kleines Museum entstand auf der Burg 1935, ab 1950 wurden umfangreichere Sammlungen gezeigt, bevor die Neuenburg 1971 wegen Einsturzgefahr geschlossen werden musste. Nach einem wissenschaftlich fundierten Gesamtkonzept wird erst seit 1990 gearbeitet. Seit 1997 ist die Neuenburg Eigentum der Stiftung „Schlösser, Burgen und Gärten des Landes-Sachsen-Anhalt", und es gibt einen Verein zur Rettung und Erhaltung der Neuenburg, der u.a. profilbestimmende Veranstaltungen durchführt.

RUNDGANG

Der Weg vom Großparkplatz auf dem Plateau führt in die zweite äußere Vorburg. Hier steht als einzig

Mittelalterliche Toiletten: Aborterker an der Neuenburg

erhaltener Bergfried der *Dicke Wilhelm* (Bergfried III), heute das Wahrzeichen der Neuenburg. Vermutlich wurde er um 1200 aus Abbruchmaterial des Bergfrieds I gebaut, der damals dem Bau der Doppelkapelle weichen musste. Er hat in seiner fast ursprünglichen Gestalt (außer seiner barocken Haube von 1550) alle Zeiten überdauert: (H 23,5 m, Durchmesser 14 m, Mauerstärke 2,85 m) Mit seiner reichen Ausstattung (Gewölbe, Kamin etc.) ist er ein exemplarisches Beispiel für einen mittelalterlichen Bergfried, der auch als Wohnturm genutzt werden konnte. In seinen fünf Etagen werden wechselnde Ausstellungen gezeigt. Von oben hat der Besucher freien Blick über die gesamte Neuenburg und die Landschaft an der Unstrut.

Bergfried Dicker Wilhelm
April–Okt. Di.–So. 10–18 Uhr

Alle anderen Bauten in der Vorburg sind modernere Wohn- und Wirtschaftsbauten, teilweise haben sie eine barocke Substanz, sie wurden aber im 19. und 20. Jh. umgebaut. Von Interesse ist der etwa 4 m hohe Stumpf des *Bergfrieds II*, der dicht hinter der Ringmauer die Vorburg nach Osten sicherte. Mit einem Durchmesser von 15,2 m und einer Mauerstärke von 4,4 m war er wehrhafter als der „Dicke Wilhelm". 1423 vom Blitz getroffen, wurden seine

Steine u. a. zum Bau des Burgbrunnens verwendet.

Der *Hof vor der Südmauer* kann jederzeit durch das *Osttorhaus* betreten werden. Es ist eines von mehreren, die es auf der Neuenburg gegeben hat, und vermutlich erst im 15. Jh. errichtet worden. Auf dem Platz liegt der 1704 vollendete *Burgbrunnen*; 102,4 m tief, reicht er bis auf den Spiegel der Unstrut. Das *Löwentor* von 1663 führt zwischen den hoch aufragenden Mauern des im Kern romanischen Palas und dem im Kern romanischen Wohnturm in den Hof der Kernburg.

Ein bauliches Kleinod ist die *Doppelkapelle*. Der obere Raum diente der Herrschaft, der untere den „Unteren", also den Burgmannen. Nicht nur

Das Obergeschoss der Doppelkapelle

die Bauform, auch die Bauzier der Kapelle – insbesondere der obere Raum – ist von hervorragender Qualität; beides lässt sich namenlosen niederrheinischen Künstlern zuordnen, die um 1220/30 hier gewirkt haben müssen. Die geistige Verwandtschaft mit den Erbauern des Naumburger Domes ist offenkundig, zum Beispiel an den Säulen und deren Kapitellen, die u. a. Tiergestalten zieren: Löwen und Bären, auch einen Adler, der einen Hasen ergreift. Niederrheinischen Vorbildern folgen die Einwölbung des Obergeschosses mit vier Kreuzgratgewölben auf vierfach gebündelter Mittelsäule, die gezackten Gurtbögen und die hängenden Schlusssteine. Im Vorraum zur oberen Kapelle wird eine künstlerisch wertvolle *Lindenholzfigur der hl. Elisabeth* gezeigt (14. Jh.).

Natürlich hat es auch in der Doppelkapelle Umbauten und Einbauten späterer Jahrhunderte gegeben, Zugänge wurden verändert, Fenster und Treppen anders gesetzt, Fußböden erneuert, von der originalen Farbgebung blieb nichts, das Inventar wechselte – dennoch: Der ursprüngliche Charakter des Bauwerks blieb im Wesentlichen erhalten und beeindruckt nachhaltig.

Die Baugeschichte der Burg, die durch Forschungen weiter aufgeklärt wird, kann der Besucher am besten im *Museum* nachvollziehen. Der ehemalige *Palas mit dem Fürstenbau* zwischen der Kapelle und dem Osttorhaus enthält – obwohl auch hier zahllose Veränderungen erfolgt sind – noch Elemente aus der Zeit der Romanik. Doch auch

Regelmäßig finden auf der Neuenburg Konzerte und Burgfeste statt

die Einbauten späterer Jahrhunderte haben bereits wieder Denkmalwert. Dazu gehören im Rittersaal ein Portal aus dem Jahre 1552 und ein barocker Kamin. Das trifft auch für den *Wohnturm* zu. In ihm sind Kamine, Reste einer hochmittelalterlichen Heizanlage sowie reich profilierte Rundbogenfenster erhalten und am Ende der auf romanischen Mauern angebauten Westtoranlage auch Abortanlagen aus dem frühen 13. Jahrhundert.

In den Gewölben sind zahlreiche Sachzeugen ausgestellt, die bei Forschungsarbeiten und Grabungen auf der Neuenburg gefunden worden sind. Insgesamt wird ein faszinierender Überblick des mittelalterlichen Lebens und der Genealogie der Grafen und Landgrafen von Thüringen geboten.

Das *Weinmuseum* im Galerieflügel wurde anlässlich des Jubiläums „1.000 Jahre Wein an Saale-Unstrut" 1998 eröffnet und zeigt seitdem die ständige Ausstellung „Zwischen Fest und Alltag – Weinkultur in der Mitte Deutschlands". Zur Ausstellung gehört auch eine Schänke, in der – nach Voranmeldung – Weinproben angeboten werden.

Der Zwinger hinter dem Galerieflügel sollte unbedingt besucht werden. Hier wachsen an den Mauern Reben, die für die Region typisch sind, ihre Spezifik wird auf Informationstafeln erläutert.

Heute wird das Mittelalter auf der Neuenburg lebendig durch verschiedene Veranstaltungen. Dazu gehören das beliebte Burgfest „Pfingst-Ritter-Spiele (2011 zum zehnten Mal) und die Internationalen Tage der mittelalterlichen Musik „montalbâne".

Lage: oberhalb der Stadt Freyburg. Ab Naumburg B 180, ca. 12 km. Parken: auf dem Plateau 300 m nördlich der Burg oder in Freyburg; Aufstieg von der Stadt ausgeschildert.

Tel.: (03 44 64) 3 55 30 (Museumskasse)
Tel.: (03 44 64) 3 55 41 (Kinderkemenate)
www.schloss-neuenburg.de
Museumsladen
Im Erdgeschoss des romanischen Wohnturms werden über 500 verschiedene Artikel angeboten (u. a. Weine, Geschirr, Spielzeug).
Tel.: (03 44 64) 2 62 62
www.schloss-neuenburg.de/
Museumsladen.html
April–Okt. 10–12/13.30–18 Uhr,
Nov.–März 11–16 Uhr
Weinschänke
Tel.: (03 44 64) 2 62 62
www.schloss-neuenburg.de/
weinschaenke.html
Schlossführungen ca. 50 min,
die einzige Gelegenheit, sonst nicht
zugängliche Räume zu besichtigen
(Fürstensaal, Grüner Salon).
Tgl. 10.30/12/14/16 Uhr
Sonderführungen zu spezifischen Themen, u. a.: Herrschafts- und Baugeschichte (Baugeschichte der Doppel-

Ein besonderes Erlebnis für die Jüngsten – die Schwertleite durch einen „Ritter"

kapelle), Fürstenleben, Frömmigkeit und Heiligenverehrung, Geschichte der Latrinen.

April–Okt. tgl. 10–18 Uhr,
Nov.–März Di.–So. 10–17 Uhr,
Mo. nur an gesetzlichen Feiertagen,
tgl. 15 Uhr Kostüm-Führungen
für Kinder

Trauungen auf der Neuenburg
Standesamt der Stadt Freyburg
Tel.: (03 44 64) 3 00 34
Küchenmeisterey und Alte Remise
Stilecht historisch lautet die Devise: Mittelalterlich gewandetes Personal serviert historische Speisen. Für die Stimmung sorgt allerlei Tand an Wänden und in den Nischen, gegen Abend wird die Küchenmeisterey gemütlich von

Kerzenlicht beleuchtet. Ein höfischer Biergarten darf ebenso wenig fehlen wie diverse Tafeleyen und ein Rittermahl auf Bestellung.
Tel.: (03 44 64) 6 62 00
www.heureka-gastro.de
Di.–Sa. 10–22 Uhr, So./Mo. 10–19 Uhr
Ferienwohnungen im Jägerhaus
Tel.: (03 44 64) 2 62 62
www.schloss-neuenburg.de/
ferienwohnungen.html

EXTRATIPP: „Großer Spaß für kleine Leute". Unter diesem Motto bietet die „Mannschaft" der Neuenburg in der *Kinderkemenate* täglich ein Programm für Besucherkinder, Kindergartengruppen und Schulklassen. Für jede Altersstufe gibt es Angebote. Die Jüngsten können sich in mittelalterliche Kostüme kleiden und sich aktiv beteiligen an Geschichten, Stegreifspielen und kleinen Theaterstücken zum Thema Burggeschichte; für Ältere gehören Fragespiele und der Besuch der Ausstellung „Burg und Herrschaft" dazu (je 120 Minuten). Auch Kindergeburtstage werden in der Kemenate ausgerichtet.

Auf den Streichwehren im Zwinger finden sich einladende *Plätze für ein Picknick* im kleineren Kreis, auch links und rechts des Dicken Wilhelms lässt es sich rasten. Einwände werden nicht erhoben: Voraussetzung ist natürlich, dass die Plätze sauber hinterlassen werden.

BURG UND SCHLOSS WENDELSTEIN

Um das Jahr 920 geriet König Heinrich I. bei der Jagd auf ein Felsplateau am Mittellauf der Unstrut. Er überschaute die fruchtbare Talebene und die Siedlungen zu seinen Füßen und sagte zu seinen Vasallen: „Wie wohl mir steht allhier mein Leben, wenn ich mich wend auf diesem Stein." In diesem „gedrechselten" Satz verbergen sich die Namen von Orten, die man von der Höhe aus sehen kann: Wiehe, Wohlmirstedt, Allerstedt, Memleben und Wendelstein. Natürlich haben Nachgeborene dem König diese Worte in den Mund gelegt. Es ist auch nicht erwiesen, dass König Heinrich die Burg Wendelstein gegründet hat. Aber es ist eine schöne Legende, und sie findet sich – mit Variationen – in mancher Sammlung mitteldeutscher Sagen.

KURZE GESCHICHTE DER BURG

Wann die ersten Befestigungen auf dem oft nur „Stein" genannten rund 50 m hohen Gipsfelsen entstanden, weiß man nicht. In der geschriebenen Geschichte taucht der „Wendilsteyn" erst 1322 auf. Damals starb das Geschlecht der Grafen von Rabenswalde aus. Die neuen Besitzer – die Grafen von Orlamünde – überkreuzten sich mit dem Landgrafen von Thüringen, die neuen Besitzer aus dem Stam-

Das „Mittlere Schloss" auf dem Wendelstein

43

me derer von Witzleben setzten sich hier über Jahrhunderte fest. Sie bauten die Alte Burg zwar schrittweise zu einem Wohnschloss, aber auch zu einer Festung aus. Das rettete dem Adel und seinen Ministerialen am Mittellauf der Unstrut im Bauernkrieg von 1525 das Leben. Von der für die Bauernheere uneinnehmbaren Burg aus konnten die von ihren Besitzungen Geflohenen beobachten, wie die Aufständischen die Klöster und Herrenhäuser der Umgebung brandschatzten.

Als man sich wieder sicher fühlte, wurde der Wendelstein überwiegend als Jagdschloss genutzt. Hier wurde gefeiert, geprasst, schlecht gewirtschaftet und endlich – 1616 – der wertvolle Besitz verspielt. Ein neuer Herr, seit 1623 der Kurfürst Johann Georg I. von Sachsen, aber traute dem Frieden nicht. Er ließ die Befestigungen weiter verstärken. Genutzt hat es letztendlich nichts. Im Dreißigjährigen Krieg wurde das Schloss geplündert (1632) und die Alte Burg, die zu dieser Zeit wohl stärkste Festung in Thüringen, von schwedischen Truppen belagert und mit Hilfe Mansfelder Bergleute, die den „Stein" unterminierten, eingenommen und vollständig zerstört (1640).

Heute erscheinen Burg und Schloss (beide befinden sich wieder in Privatbesitz) als ein Sammelsurium von Mauern, Ruinen, gesprengten Bastionen, Durchfahrten, tiefen Gräben, lichtlosen Kellern und noch bewohnten Gebäuden.

RUNDGANG

Die Alte Burg des Wendelsteins kann von der Hauptstraße des Dorfes durch das *Querfurter Tor* betreten werden. Heute ist das ein grasbewachsener Hügel, unter dem ein langer und romantisch-eindrucksvoller Gang durch ein altes, spitzbogiges Gewölbe zur Vorburg führt. Auf dem schmalen Asphaltpfad links des Hügels kommt man auch dorthin. Das Gelände erscheint unübersichtlich, denn die Wälle und der Zwinger sind heute mit Bäumen und Sträuchern bewachsen. Nirgends gibt es ein Hinweisschild. Der Burgenfreund kann sich dennoch orientieren, denn die Grasflächen auf dem Wall und auf der *ehemaligen Reitbahn* werden im Sommer kurz gehalten.

Von hier aus bietet sich ein imposanter Blick auf die Reste der Türme und Bastionen, auf die Mauern, deren Luftöffnungen verraten, dass hinter und unter ihnen Kasematten liegen.

Links vom Zugang zum Burghof befindet sich der *Nonnenturm*. Die Sprengung von 1640 hat den Großteil der oberen Mauern hinweggefegt, was stehen blieb, neigt sich bedenklich. Nur das über zwei Me-

◀ Blick über die Unstrut zum Wendelstein

HATTEN DIE RITTER TISCHSITTEN?

Tischsitten nicht, aber Tafelsitten. Es gab keine Tische. Das Essen wurde nicht aufgetischt, es kam auf die Tafel. Das war ein langes, breites Holzbrett. In der Küche wurden alle Gerichte und Getränke darauf gestellt und dann wurde die Tafel, manchmal auch mehrere Tafeln, in den Palas getragen und auf Holzklötzen abgelegt. Der Burgherr nahm mit seinen Gästen auf Bänken davor Platz. Jeder zog aus dem Gürtel sein eigenes Besteck. Ein spitzes Messer, um sich Fleisch abzuschneiden und aufzuspießen. Einen Löffel für das Mus und die Füllung von Pasteten. Und einen Becher für den Wein und die Suppen. Im Übrigen langte man mit den Händen zu. Bei reichen Gastgebern gab es schon Teller oder Platten. Darauf konnten die Esser etwas ablegen. Im Hintergrund standen die Diener. Sie hielten Wasserkannen und Becken bereit, damit man sich die Hände abspülen konnte. „Jetzt wird die Tafel wird aufgehoben." Das hieß, die Knechte kamen wieder herein und trugen die Tafel hinaus.

ter starke Mauerwerk des Sockels vermittelt einen Eindruck von der Wehrhaftigkeit der ursprünglichen Anlage. Vom angrenzenden Küchenbau hat sich ein riesiger *Kaminschlot* gehalten, er ist noch rußgeschwärzt von Kochfeuern, wohl auch vom Brand der umliegenden Gebäude.

Unmittelbar hinter dem Tor zum Burghof fällt links zu ebener Erde ein hoher Rundbogen ins Auge. Hier geht es hinunter in die Kassematten und in die Kelleranlagen, die unter dem gesamten Wendelstein, einschließlich des westlich liegenden Schlosshofes und seiner Gebäude liegen. Ein Betreten auf eigene Faust kann nicht empfohlen werden. Unbedingt aber – nur einige Schritte weiter – der Besuch der *Kapelle*. Sie ist noch kenntlich an wenigen Säulenfragmenten der

einst auf ihnen ruhenden Gewölbe. Der etwa 30 m hohe „Stein" rechter Hand kann bestiegen werden. Eine schmale Treppe – ein Teil der Stufen stammt vermutlich noch aus der Entstehungszeit der Alten Burg – führt durch Gänge und vorbei an verfallenen Räumen auf die Wehrplatte. In einigen Quellen heißt es, von dieser sich windenden Treppe soll die Burg ihren Namen haben. Wahrscheinlich ist das nicht. Vermutlich gab es einmal an der Südseite der Burg, also vom Ufer der Unstrut aus, einen steilen Wendelpfad auf den „Stein". Von der Wehrplatte, sie ist heute von niedrigen Fliederhecken bedeckt, eröffnet sich ein Rundblick. Westlich in der Talebene liegen die bereits erwähnten Orte, im Hintergrund erstreckt sich der Höhenzug der Finne. In nordwestlicher Richtung liegt der

Ziegelrodaer Forst, in dem die berühmte Himmelsscheibe von Nebra gefunden wurde (vgl. S. 120).

Die „hohe" oder „obere" Burg (auch Oberes Schloss genannt) ist am besten von der Hauptstraße des Ortes aus zu erreichen. Ein gepflasterter Weg führt über den an dieser Stelle eingedrückten Wall auf die *Schlossbrücke*. Von ihr aus kann der Zwinger überschaut werden. Im Tordurchgang haben sich spitzbogige Gewölbe erhalten. Vom großen rechteckigen Innenhof aus sieht man, dass auch dieses Gebäude – es ist das *Mittlere Schloss* – eine Ruine ist. Die Fensterhöhlungen haben teilweise noch ihre schönen Wandungen aus der Bauzeit (spätes 16. Jh.), es wurden aber auch Teile von Vorgängerbauten einbezogen. Ins Auge fällt die doppelläufige Freitreppe ins Obergeschoss, die noch vor wenigen Jahren überdacht war.

Das Gebäude, das die Südseite des Hofes einnimmt ist das *Ebenlebensche Schloss*. Es diente den Herzögen von Sachsen-Weißenfels als Jagdschloss. In ihm befinden sich seit Jahrzehnten Wohnungen. Der vorspringende *Treppenturm* lässt durch die Lage seiner Fenster erkennen, dass ein Wendelstein nach oben führt. Bewohnt sind auch Teile des alten *Kornhauses* an der Westseite des Hofes und *das Neue Schloss* (1596) an der Ostseite mit seinem gut erhaltenen Renaissanceportal.

Das Nebraer Tor, ursprünglich der östliche Zugang zur Burg, kann auf dem ostwärts führenden Wall erreicht werden, der Durchgang zur Hauptstraße des Dorfes ist aber seit langem gesperrt.

Lage: Wendelstein, Ortsteil der 2009 gegründeten Großgemeinde Kaiserpfalz, liegt etwa 3 km nordwestlich von Memleben, L 214, Richtung Rossleben. Ein als Privatstraße gekennzeichneter Fahrweg führt auf die Höhe. Parken: unmittelbar an der Burg.

Tel.: (03 46 72) 6 02 74

www.saale-unstrut-tourismus.de

Die Burg und der Schlosshof sind ganzjährig zugänglich. Führungen (mit Kelleranlagen) nach Voranmeldung.

Im Ort gibt es keine gastronomischen Einrichtungen, aber im Gelände der Alten Burg ansprechende Picknickplätze.

▶ **ABSTECHER**
  KLOSTER MEMLEBEN

Mimelebo – das heutige Memleben – war während des 10. Jh. eine bevorzugte Pfalz des Herrschergeschlechts der Ottonen. Heinrich I. und Otto I. waren häufig hier und sind hier auch gestorben. Aus alter Zeit sind nur noch wenige, wenn auch gewaltige Mauerreste erhalten. Dazu zählt – direkt an der Straße – das „Kaisertor". Es gehörte zur Marienkirche, die größer war als der Magdeburger Dom. Ihr Grundriss (Länge 82 m, Breite 38,5 m) ist durch eine Pflasterung kenntlich gemacht.

Aufmerksamkeit erregt vor allem die malerische Ruine des von Kaiser Otto II. 979 gestifteten Benediktinerklosters. Die spätromanische Kirche wurde im frühen 13. Jh. erbaut. Von ihr haben bedeutende Teile die Zeiten überstanden, u. a. die Langhausarkaden mit kräftigen Pfeilern. Vollständig erhalten ist die rein romanische Krypta, eine der letzten Chorkrypten in Deutschland.

Museum Kloster und
Kaiserpfalz Memleben

Lage: Im Zentrum von Memleben (Thomas-Müntzer-Straße 48), etwa 3 km westlich von Nebra, L 212. Parken: vor dem Kloster auf der Thomas-Müntzer-Straße.

Tel.: (03 46 72) 6 02 74

www.kloster-memleben.de

15. März–31. Okt. tgl. 10–18 Uhr,
1. Nov.–14. März nur Außenanlagen
10–16 Uhr

EXTRATIPP: Gäste können fünf Stunden auf den Spuren der Bene-

Portal der Klosterkirche (13. Jh.)

diktiner wandeln. Sie werden entsprechend eingekleidet, wählen aus ihrer Mitte einen Abt und probieren als „Nonnen und Mönche auf Zeit", wie man Urkunden ausstellt, siegelt, Schmuckelemente der Buchkunst nachgestaltet, wie sich Kalkstein meißeln lässt – und sie erhalten eine klösterliche Mahlzeit.

ERLEBNISTIERPARK MEMLEBEN

Auf 30.000 m^2 und in zum Teil begehbaren Gehegen werden etwa 500 Tiere aus 80 Arten – von der Hausmaus bis zum Elefanten – gezeigt. Zum Angebot gehören Tiershows, Kindereisenbahn, Fahrgeschäfte und Restaurants.

Mönchsweg 1

Lage: Aus Richtung Nebra kommend unmittelbar am Ort

Tel.: (03 46 72) 6 96 40 • www.tierschule-memleben.de

April–Okt. Do.–So. 10–18 Uhr, mit Unterbrechungen (siehe Homepage) auch Mo.–Mi. 10–18 Uhr

ÜBERNACHTUNGS-TIPPS

HOTEL BIBERMÜHLE

€€€   10 EZ und 19 DZ in einer ehemaligen Mühle aus dem 19. Jahrhundert. Lauchaer Str. 36, 06647 Bad Bibra
Tel.: (03 44 65) 60 30
info@alte-bibermuehle.de
www.alte-bibermuehle.de

HIMMELREICH

€€€   3 DZ sowie 1 Ferienwohnung (für max. 4 Personen) mit eigener Außenterrasse mit Panoramablick.
Bergstraße 6, 06628 Bad Kösen
Tel.: (03 44 63) 2 73 91
reservierung@himmelreich-bad-koesen.de
www.himmelreich-bad-koesen.de

BERGHOTEL WILHELMSBURG

€€€   65 Betten, 9 EZ, 28 DZ. Oberhalb von Bad Kösen (ca. 10 min Fußweg zum Zentrum).
Eckartsbergaer Straße 20
06628 Bad Kösen
Tel.: (03 44 63) 36 70
wilhelmsburg@t-online.de
www.berghotel-wilhelmsburg.de

PENSION SCHMIDT

€   6 DZ und 4 EZ, z.T. mit Balkon. Extras: Wellnessinsel und Physiotherapie im Haus.
Schmetthausstraße 1, 06628 Bad Kösen
Tel.: (03 44 63) 2 74 81
pension_schmidt@t-online.de
www.pension-schmidt-online.de

PENSION UND GASTSTÄTTE „SCHLOSS SAALECK"

€   Preiswerte Übernachtungen im Pensionsstil für Gruppen, Radfahrer, Paddler, Wanderer und Kurzurlauber.
Sulzaer Str. 1, 06628 Bad Kösen
Tel.: (03 44 63) 2 72 48
www.gasthaus-schloss-saaleck.de

HOTEL AM MARKT

€€   Das Hotel bietet seinen Gästen geräumige, gemütliche Zimmer – nur wenige Minuten von der Eckartsburg. Angeschlossenes Restaurant „Zum Ratskeller" u. a. mit Thüringer Spezialitäten.
Hauptstraße 111, 06648 Eckartsberga
Tel.: (03 44 67) 4 00 21
info@hotel-eckartsberga.de
www.hotel-eckartsberga.de

BERGHOTEL ZUM EDELACKER

€€€€   42 EZ, 41 DZ., eher rustikal-gemütlich eingerichtet. 3 angeschlossene Restaurants mit 120 Sitzplätzen.
Schloß 25, 06632 Freyburg/Unstrut
Tel.: (03 44 64) 3 50
info@edelacker.de
www.edelacker.de

HOTEL-RESTAURANT ZUR TRAUBE

€   3 EZ, 8 DZ, 2 Dreibettzimmer. Angeschlossenes Restaurant und Café.
Oberstraße 46, 06632 Freyburg/Unstrut
Tel.: (03 44 64) 2 77 42

Preisniveau: Doppelzimmer €€€€€ ab 100 € / €€€€ ab 80 € / €€€ ab 60 € / €€ ab 40 € / € unter 40 €

49

bobolowski-traube@web.de
www.hotel-freyburg.com

HOTEL UNSTRUTTAL ***

€€ Das Hotel liegt direkt am Freyburger Markt. Persönliche Atmosphäre, historisches Ambiente, gemütliche Zimmer (2 EZ/15 DZ) und ein ausgezeichnete Küche sorgen für einen angenehmen Aufenthalt. Im gesamten Hotel gibt es WLAN-Empfang. Das Weinstädtchen Freyburg ist der ideale Ausgangspunkt, um die Burgen der näheren Umgebung kennenzulernen.
Markt 11, 06632 Freyburg/Unstrut
Tel.: (03 44 64) 70 70
www.unstruttal.info
post@unstruttal.info

JÄGERHAUS ***

€€€ 2 Ferienwohnungen oberhalb des Brunnhofes der Neuenburg. Fantastischer Ausblick auf das Unstruttal.
Schloss 1, 06632 Freyburg (Unstrut)
Tel.: (03 44 64) 2 62 62
www.schloss-neuenburg.de

HERBERGE ZUR HAYNSBURG

€€ Die Zimmer sind gemütlich-rustikal und nach dem üblichen Standard eingerichtet. Ausgefallene Übernachtungswünsche können im Ritter- oder Hochzeitszimmer erfüllt werden.
Hauptstraße 10, 06712 Haynsburg
Tel.: (03 44 25) 3 06 67
info@zur-haynsburg.de
www.zur-haynsburg.de

MUSEUMS-GUTSHOF-SONNEKALB

€€ Neben „normalen" EZ und DZ gibt es „Knechtzimmer" sowie ein Strohhotel.
Hauptstraße 4, 06628 Kleinheringen
Tel.: (03 64 61) 2 03 59
info@sonnekalb.de • www.sonnekalb.de

HOTEL RITTERGUT KREIPITZSCH ***

€€€ 15 DZ und 5 EZ mit rustikalem Komfort sowie eine besondere Hochzeitssuite. oberhalb der Rudelsburg.
Nr. 65, 06628 Kreipitzsch
Tel.: (03 44 66) 60 00
hotelrittergut@t-online.de
www.rudelsburg.com

HOTEL STADT NAUMBURG ****

€€€ 18 EZ, 41 DZ nur wenige Minuten von der Innenstadt. Besonderen Komfort bieten 5 DZ de luxe und eine Turmsuite.
Friedensstraße 6, 06618 Naumburg
Tel.: (0 34 45) 73 90
info@hotel-stadt-naumburg.de
www.hotel-stadt-naumburg.de

SCHLOSSHOTEL HIMMELSSCHEIBE UND HOTEL HIMMELS SCHEIBE

€€€ Das Schlosshotel offeriert großzügige und stilvoll eingerichtete Zimmer. Das zweite Haus, Hotel Himmelsscheibe, bietet sehr modernen Komfort.
Schlosshotel 4–5, 06642 Nebra
Tel.: (03 44 61) 2 52 18
info@schlosshotel-himmelsscheibe.com
www.schlosshotel-himmelsscheibe.com

IM UND UM DEN HARZ

Der Harz war stets begehrt: Hier gab es nicht nur Holz und Wild, hier „wuchs" das Erz, der Silberbergbau stand in Blüte. Wer hätte dieses reiche Land nicht gerne besessen? Die Sachsen und die Welfen stritten sich, der Klerus wollte seinen Teil. Wer sich ein Stück erobert hatte, musste sich vieler Feinde erwehren können. Als Erstes baute er sich eine Burg.

▲ Der wildromantische Arnstein

Weitgehend erhalten haben sich vor allem die am Rande des Gebirges: Freckleben, der Regenstein und der Falkenstein … Die Burgen auf den Höhen sind zumeist verschwunden. In sie hatten sich nach dem Ende der glanzvollen Ritter- und Burgenzeit verarmte Adlige zurückgezogen. Von hier aus zogen sie auf Beute aus. Die Raubritternester wurden durch Aufgebote des Reiches, oft auch der Städte geschleift, d. h. vollständig zerstört.

BURG ANHALT

Das Bundesland Sachsen-Anhalt: Der zweite Teil seines Namens leitet sich vom Fürstenhaus Anhalt ab. Aber woher stammt der Name Anhalt? Dazu gibt es mehrere Thesen. Eine davon verweist auf die Burg Anhalt über dem Selketal. Aber warum hieß die Burg Anhalt? Mancher Gelehrte sagt, die Burg wurde so genannt, weil sie „an der Halde" erbaut wurde. Das hat sich über Anholdt (1140), Annehalt (1215), Anahalt (1302), Ahnhald (1429) usw. zu Anhalt abgeschliffen. Sprachwissenschaftler haben da ihre Einwände. Auch logisch bleibt etwas offen. Halde? Erzbergbau gab es im Harz schon lange vor dem Bau der Burg im 11. Jh., aber keine Halde war so dominant, dass eine der größten Burgen Mitteldeutschlands nach einer Abraumhalde genannt worden wäre. Auch ein Fürstenhaus hätte sich wohl kaum den Namen einer Lagerstätte für taubes, also wertloses Gestein zugelegt. Vielleicht stammt „Anhalt" zwar vom Wort Halde, aber das bedeutet in verschiedenen deutschen Dialekten auch „steile Anhöhe" oder „steiler Berg", und das träfe ja zu.

Sockel des Bergfrieds der Burg Anhalt

KURZE GESCHICHTE DER BURG

Die erste Burg hat Otto von Ballenstedt, genannt der Reiche, ab 1115 erbauen lassen. Wahrscheinlich war sie noch nicht vollendet, als sie 1139 von Truppen des Markgrafen von Meißen und des Erzbischofs von Magdeburg zerstört wurde. Hintergrund waren die lang anhaltenden Streitigkeiten zwischen Albrecht von Ballenstedt, auch Albrecht der Bär genannt, und Heinrich dem Stolzen. Albrecht ließ die Burg um 1150 neu errichten. Sie blieb rund 150 Jahre Sitz seines Geschlechts, sein Sohn Bernhard war der Erste, der sich Graf von Anhalt nannte. Graf Heinrich I. von Anhalt und Aschersleben, bekannt auch als Minnesänger, war es dann, der als erster Askanier (nach der latinisierten Form von Aschersleben) den Titel „Fürst" (1215) erwarb. Um 1315 verließen die Anhalter die Burg – manche Autoren sagen, das geschah erst um 1500. Warum wurde die Burg aufgegeben? Darauf hat niemand eine schlüssige Antwort. War sie zu abgelegen? Zu schwer erreichbar? Bot sie zu wenig Komfort? Tatsache ist: Die Burg verfiel.

Heute sind auf dem Berg nur wenige Ruinen zu sehen, und es wäre überhaupt nichts da, wären nicht 1822 und zwischen 1901 und 1907 Ausgrabungen, Sicherungsmaßnahmen und Rekonstruktionen erfolgt.

RUNDGANG

Die Burgruine Anhalt will erwandert werden. Hinter der Brücke über die Selke (unmittelbar am Parkplatz), führt ein schmaler Pfad durch den Buchenwald 1,8 km bergauf zur Höhe, 150 m über dem Selketal. Kämen nicht die ersten Hinweisschilder in den Blick, selbst der Burgenfreund wüsste nicht sicher, dass er bereits am Ziel ist. Es bedarf einiger Kenntnisse, um in der langgezogenen Mulde am Hang den ersten *Graben* zu erkennen. Ursprüngliche Tiefe 10 m, Länge 543 m, das sind enorme Ausmaße. Auch die Reste der *Zwingermauern*, obwohl sie 1907 teilweise rekonstruiert worden sind, sieht nur das geübte Auge zwischen dem überall wuchernden Grün. Die Mauern bestehen aus Ziegelwerk. Das ist selten und untypisch für den Harzraum, in dem es an festem Gestein nicht mangelt. Längs des Grabens sind die Stellen gekennzeichnet, an denen sich wahrscheinlich das Kammertor, der Eingang zur Kernburg, und die

Wenig ist von der namengebenden Burg der Anhaltiner geblieben

Burgkapelle befanden. Damit man sich überhaupt ein Bild machen kann, sind zusätzlich zu den Hinweisschildern große Tafeln aufgestellt. Sie zeigen farbige Darstellungen des mutmaßlichen Aussehens der verschwundenen Bauten.

Vorhanden ist das Fundament des 1140 zerstörten Bergfrieds (Durchmesser 18 m, Mauerstärke nur 1,8 m). Der von Albrecht dem Bären errichtete *Bergfried* war wehrhafter. Aufgrund seiner Maße – Durchmesser 9,5 m, Mauerstärke 3,06 m – lässt sich seine ursprüngliche Höhe berechnen. Sie betrug etwa 27 m. Acht Lagen der Natursteinmauerung sind zu sehen. Der „moderne" Eingang" zu ebener Erde stammt von 1907, im Original lag er – wie üblich – weitaus höher. Zu diesen wenigen Sachzeugen einer großen Vergangenheit kommen noch einige *Ziegelmauerreste des Palas*. Hier finden sich auf Tafeln Grafiken, auf denen einige bei den Ausgrabungen sichergestellte Architekturteile – Tür- und Fenstergewände, auch Bogensteine – zu sehen sind.

Der *Brunnen* der Burg Anhalt spielt in der Sagenwelt des Harzes eine Rolle. In ihm soll ein großer Schatz versenkt worden sein. Bei den Grabungen 1822 ging man ihm auf den Grund – bis 85 m Tiefe. Gefunden wurde nichts. Er wurde, das ist unverständlich, später wieder zugeschüttet.

Lage: B 185, von Harzgerode Richtung Ballenstedt bis Mägdesprung, im Ort rechts in Richtung Selkemühle einbiegen (5 km, sehr schmale Straße).
Parken: direkt am Landhaus Selkemühle.
Landhaus Selkemühle
Selkemühle 1, 06493 Mägdesprung
Tel.: (03 94 84) 23 41
selkemuehle@gmx.de
www.selkemuehle.im-harz.com
Ganzjährig geöffnet

EXTRATIPP:
ABSTECHER NACH BALLENSTEDT

Burgenfreunde und an der Geschichte der Askanier Interessierte sollten das Städtische Heimatmuseum und das Schloss in Ballenstedt besuchen. Gezeigt wird u. a. als Rekonstruktionsversuch ein Modell der Burg Anhalt; ein größeres – ausgeführt in Stein und jederzeit zugänglich – steht am Südhang des Theaters. Im Schloss gibt es u. a. die ständige Ausstellung „Die frühen Askanier", in der Krypta der Schlosskirche (das ehemalige Westwerk der Klosterkirche) befindet sich die Grablege Albrecht des Bären.

Heimatmuseum Ballenstedt
und Schloss Ballenstedt
Allee 37 bzw. Schlossplatz
06493 Ballenstedt
Tel.: (03 94 83) 88 66
www.ballenstedt-information.de
Mai–Okt. Di.–Fr. 10–17 Uhr, Sa./So. 10–12/14–17 Uhr; Nov.–April Di.–Fr. 10–16 Uhr, Sa./So. 10–12/14–16 Uhr

BURG UND FESTUNG REGENSTEIN

★ ENTDECKER-TIPP

Wo der Himmel liegt, ist unumstritten, aber wo liegt die Hölle? Für die Bewohner des Harzes ist das klar: auf dem Regenstein. Zumindest, wenn man der Sage glaubt … Vor langer Zeit lebte einmal ein Raubgraf auf dem Regenstein. Der entbrannte in sündhaftem Begehren zu einem schönen Mädchen. Da es ihn nicht erhören wollte, raubte er es und sperrte es in ein Verlies seiner Burg. Das Mädchen, das mit einem Ritter verlobt war, verzagte nicht. Es kratzte mit seinem Diamantring ein ganzes Jahr lang an der Wand seines Kerkers, bis es einen Lichtschein wahrnahm, erweiterte das Loch und entkam glücklich. Zusammen mit ihrem Mann besuchte die Rittersfrau Jahre später noch einmal den Regenstein. Sie schaute in eine Felsspalte und sah darin den Raubgrafen im Fegefeuer schmachten. Da erbarmte sie sich, zog den Diamantring vom Finger, warf ihn hinab und erlöste so den Unhold aus der Hölle.

Schroff wie der Harz ist auch der Regenstein

KURZE GESCHICHTE VON BURG UND FESTUNG

Bei dieser Burg ist manches offen, was noch zu erforschen wäre. Zum Beispiel ihr Name. Sicher ist nur: Auf dem steilen Sandsteinfelsen, direkt über der alten Heerstraße der ersten deutschen Könige und Kaiser, regnet es nicht mehr als andernorts im Harzvorland. Vielleicht kommt der Name von „ragin" (gotisch für „hochragend") oder vom gleichlautenden westgotischen Begriff „ragin", der Rat oder Ratschluss bedeutet, oder von „Rege", frühsächsisch für Reihe, eine Reihe von Bergen. Der Sage nach soll der Ritter Hatebold von Veckenstedt schon 479 hier oben eine Burg errichtet haben.

Die erste Urkunde stammt aus dem Jahr 1167. Da wird ein Konrad aus dem Haus der Reginbodonen erwähnt – in seinem Amt als Graf von Regenstein. Sein Vater war der Graf von Blankenburg. In dieser Zeit war der strategisch wertvolle „Stein" bereits seit langem besiedelt. Das beweisen Bodenfunde.

Das Grafengeschlecht derer von Blankenburg/Regenstein war einflussreich und streitbar. Albrecht II. ist der Berühmteste dieser Sippe. Er führte Krieg gegen den Bischof von Halberstadt und legte sich auch mit dem reichsunmittelbaren Stift Quedlinburg an. Albrecht verlor zunächst ritterlich. Dann aber „arbeitete" er als Raubritter, sein Stern und der seiner Dynastie sank. Der Raubgraf Albrecht aber lebt in der Literatur fort. Es gibt Balladen aus berühmter Feder und auch Romane über ihn. Der letzte Regensteiner starb 1599.

Ab 1670 baute Kurbrandenburg die alte Burg und das östliche Gelände zu einer starken Festung aus, mit Wällen, Gräben, hohen Mauern und Bastionen. Bewährt haben sie sich nicht. Im Siebenjährigen Krieg (1756–1763) wurde der Regenstein zweimal von französischen Truppen eingenommen. Preußen gewann ihn zurück, aber Friedrich II. befahl 1758, die militärischen Anlagen zu sprengen. Hier sollte sich der Feind nicht ein drittes Mal festsetzen können. Die Reste der Gebäude wurden „auf Abbruch" verkauft. Überlebt haben wesentliche Teile der mittelalterlichen Burg. Schon Goethe hat den Regenstein besucht, und zahlreiche Künstler haben die wohl romantischste Burg der Region gezeichnet und gemalt.

RUNDGANG

Die alte Burg kann über den rekonstruierten Haupteingang der ehemaligen Festung betreten werden, es gibt aber auch einen Wanderweg, der durch den *Raubgrafentunnel* auf das Gelände führt. Dieser Tunnel ist eine romantische Zutat des 19. Jh.

Die Burgruine links am Hauptweg bedeckt gut 16.000 m^2. In Deutschlands ältester Höhlenburg sind

DAS „ROMANTISCHE LEBEN" AUF EINER RITTERBURG DES SPÄTEN MITTELALTERS

Aus einem Brief des Ritters Ulrich von Hutten an Willibald Pirckheimer in Nürnberg, 25. Oktober 1518

In den Städten könnt Ihr nicht nur friedlich, sondern auch bequem leben, wenn Ihr es euch vornehmt. Aber glaubst Du, dass ich unter meinen Rittern jemals Ruhe finden werde? Und hast Du vergessen, welchen Störungen und Aufregungen die Menschen in unserem Stand ausgesetzt sind? … Man lebt auf dem Felde, in Wäldern und in jenen Felsennestern. Die uns Nahrung schaffen, sind ganz arme Bauern … wir müssen sehr sorgfältige Haushälter sein. Sodann müssen wir uns unter die Abhängigkeit von irgendeinem Fürsten stellen, damit wir von ihm Schutz hoffen dürfen: wenn ich das nicht bin, meint jedermann, dass er sich alles gegen mich erlauben dürfe; und wenn ich es bin, so ist dieser Schutz mit Gefahr und täglicher Furcht

Ulrich von Hutten; Stich von Johann Theodor de Bry

verbunden, denn sobald ich aus dem Hause trete, so bin ich in Gefahr, dass ich denen in die Hände falle, mit denen er, welcher mein Schutzherr ist, Händel und Fehde hat. An seiner Stelle fallen sie mich an und schleppen mich fort. Wenn mich das Missgeschick recht verfolgt, geht leicht die Hälfte meines Vermögens für das Lösegeld drauf … Zu diesem Zweck halten wir darum Pferde und schaffen uns Waffen an und umgeben uns mit zahlreichem Gefolge, alles unter schweren und drückenden Kosten; und dabei dürfen wir nicht fünfhundert Schritt weit ohne Waffen gehn, man kann kein Dorf ungerüstet besuchen, nicht zum Jagen, nicht zum Fischen anders als in Eisen gepanzert gehen. …

Das sind die Annehmlichkeiten unsres Landlebens, das ist unsere Ruhe und unser Frieden. Ob unsere Behausung auf dem Berge oder in der Ebene liegt, sie ist nie zur Behaglichkeit, sondern zum Schutze erbaut, mit Wall und Graben umgeben, innen ungeräumig, mit Vieh- und Pferdeställen zusammengedrängt, daneben finstere Schuppen voller Kanonen, Pech und Schwefel und was sonst zur kriegerischen Ausrüstung an Waffen und Maschinen gehört. Überall der Gestank des Schießpulvers, dann die Hunde mit ihrem Unrat – das duftet lieblich und angenehm, sollt ich meinen! … Man hört das Blöken der Schafe, das Brüllen der Ochsen, das Bellen der Hunde, das Schreien der Feldarbeiter, das Rumpeln und Gerassel der Karren und Wagen, ja, in unserer Gegend, wo die Wälder nahe sind, auch das Heulen der Wölfe. Der ganze Tag ist mit Angst und Sorge um den nächsten, mit fortgesetzter Bewegung und dauerndem Sturme ausgefüllt.

Der Bergfried

32 Räume erhalten. Jeder ist nummeriert und seine einstige Funktion wird in einem kleinen Faltblatt (erhältlich am Kassenhäuschen) kurz benannt. Elf Räume können betreten werden. In weitere, die wie alle aus dem anstehenden Sandstein herausgearbeitet wurden, kann der Besucher schauen.

Zweckmäßig ist es, durch den fast vollständig eingeebneten *Burggraben* zu den *Ausstellungsräumen* zu gehen. Hier, in den ehemaligen Kasematten und späteren Wirtschaftsräumen, werden einige Fundstücke gezeigt, die Sprengung und Abbruch überstanden haben, darunter schöne Werksteine, aber auch Ofenkacheln aus dem 18. Jh. Ein erster faszinierender Ausblick öffnet sich am nördlichen Ende des Grabens: Er reicht von der hier über 80 m steil abfallenden Felskante nach Norden weit ins Land, bei gutem Wetter sind die Türme Halberstadts zu erkennen.

Über einen Gang kommt man allmählich zur Höhe der Burg. Links und rechts liegen die *Burgkapelle St. Nicolai* und die *Hofstube.* Auch diese schmucklosen, aber überraschend großen Hohlräume im Fels bieten dank ihrer großen Durchbrüche großartige Ausblicke ins Harzvorland. Ohne Tageslicht blieb nur die sogenannte *Burgküche.* Sie wurde wahrscheinlich tatsächlich als Küche genutzt, zumindest deutet der Rest eines Kamins darauf hin.

Nördlich und westlich schützte der steile Fels die Burg, östlich und südlich aber war eine *Mauer* nötig, von

DER GRAF IM KASTEN

Albrechtc, Graf von Regenstein, geriet 1336 in die Gefangenschaft der Quedlin-
burger Bürger. Um ihn zu demütigen, sperrten sie ihn in einen Kasten aus Fichten-
holz und setzten ihn im Rathaus dem Spott der Bürger aus. In diesem knapp 5 m^2
kleinen Gefängnis von eben 75 cm Höhe musste er ausharren, bis seine Leute das
geforderte Lösegeld entrichtet hatten. Der „Raubgrafenkasten" wird noch heute
als besondere Attraktion im Schlossmuseum Quedlinburg gezeigt.
Schlossmuseum Quedlinburg (Schlossberg 1)
Tel.: (0 39 46) 90 56 81 · www.quedlinburg.de
April–Okt. Di.–So. 10–18 Uhr, Nov.–März 10–16 Uhr

ihr blieb wenig. *Mauervorlagen* und Reste von Futtermauern beweisen, dass einst – vermutlich in der Festungszeit – im Gelände der alten Burg auch herkömmliche Gebäude errichtet worden sind.

Einziges Bauwerk ist der *Bergfried* auf dem Plateau, er wurde ganz aus Bruchsteinen aufgeführt. Sein Sockel ist erhalten. Von der oberen Ebene ist das südliche Gelände mit den offenen Kellerräumen, und den Toranlagen gut überschaubar. Ganz unten liegt das *Teufelsloch*. Es birgt die älteste Inschrift, die auf dem Regenstein gefunden wurde, der bei-
nahe überall die Gravuren unge-
zählter Generationen aufweist.

Von der Höhe ist auch der *Festungs-
teil* gut einsehbar. Die Lage ehema-
liger Gebäude ist meist markiert, so erfährt der Besucher, dass es hier oben einst eine Windmühle gab, was auf Burgen äußerst selten ist, ebenso mehrere Geschützstellun-
gen und Posten auf den Bastionen. Vom höchsten Punkt der Festung

kommt die mittelalterliche Burg besonders gut ins Bild.

1812 gab es auf dem Regenstein die erste Burgschänke. Heute kann der Ausflug ins Mittelalter kulinarisch im *Burgrestaurant* abgerundet werden. Dazu kommt ein *Bistro* mit ein-
fachen Angeboten. Zugänglich nur während der Öffnungszeiten der Burg. Im Gelände gibt es reizvolle Möglichkeiten zu einem *Picknick*.

Lage: am nordwestlichen Rand der Stadt Blankenburg; aus nördlicher, westlicher und östlicher Richtung weit-
hin sichtbar am Ende einer ca. 2,5 km langen, hohen Sandsteinformation. Anfahrt über die B 81 oder über die zweispurige B 6n, Ausfahrt Blanken-
burg-Zentrum. Parken: 400 m vor dem Haupteingang der Burg; im Sommer fährt meist eine Shuttlebahn.
Tel.: (0 39 44) 61 29 0
www.blankenburg.de · www.harzlife.de
www.ausflugsziele-harz.de
**April–Okt. tgl. 10–18 Uhr,
Nov.–März Mi.–So. 10–16 Uhr (bei
schlechter Witterung geschlossen!)**

EXTRATIPP: Der „Ritterliche Adler- und Falkenhof" stellt eine weitere Attraktion auf dem Regenstein dar. Zwischen Ostern und Oktober gibt es einstündige Vorführungen mit den „Rittern der Lüfte" – mit Adlern, Geiern, Bussarden, Falken und Eulen.

Tel.: (01 60) 92 70 41 99
www.falkenhof-harz.de
April–Okt. Di.–So. u. Feiertage 11/15 Uhr, in den Sommerferien 11/13.30/15 Uhr

▶ **ABSTECHER REGENSTEINMÜHLE**

Von der Mitte des 12. Jh. bis etwa 1450 strömte das Wasser eines künstlich angelegten Kanals (Länge 2.000 m) auf die Räder einer mächtigen Mühle. Gemahlen wurden Getreide und Ölsaaten. Nach Auf-

Die Reste der Regensteinmühle

gabe der Burg verfiel auch die Mühle, sie wurde aber in der Festungszeit noch einmal aufgebaut, in die Verteidigungsanlagen einbezogen, doch 1758 mit ihnen gesprengt. Zwei mächtige Wasserräder unter dem Mündungsloch des 20 m langen Wasserstollens (Rekonstruktion 1988–1991) vermitteln einen Eindruck von der Leistungsfähigkeit der alten Regensteinmühle.

Unmittelbar vor der Mühle befinden sich ein vorbildlich ausgestatteter *Rastplatz* und eine *Schutzhütte*.

Lage: ca. 1,5 km westlich der Burg im dicht bewaldeten Gebiet. Der allgemeine Wanderweg zu mehreren Zielen beginnt etwa 100 m links unterhalb des Haupteingangs. Wegweiser auch ab Parkplatz; Ausschilderung nicht immer eindeutig.

▶ **ABSTECHER SANDHÖHLEN**

Wer gut zu Fuß ist, sollte den Weg nicht scheuen. Links und rechts der alten Heerstraße liegen in mehreren Gruppen mächtige Sandsteinfelsen und in ihnen kleine und große Sandhöhlen. Sie sollen schon von der vorchristlichen Bevölkerung als Thingplätze genutzt worden sein. Einige von ihnen gehörten später auch zum Verteidigungssystem der Burg.

Lage: nordöstlich, direkt unterhalb des Steilfelsens des Regensteins. Wanderweg wie zuvor, dann rechts in den Talgrund; Strecke (hin und zurück) etwa 4 km.

KONRADSBURG

Die Klosterkirche auf der Konradsburg wurde als Sühne für einen Mord errichtet

Das hat man schon gehört: Eine Kirche wird verkauft, und ein Investor baut sie um. Luxuswohnungen entstehen. In der Sakristei befindet sich nun eine Bar, wo der Altar stand, spannt sich eine Kinoleinwand … Man sage nicht: Früher war alles besser, an einem Gotteshaus hätte sich niemand vergriffen.

1833 erhielt das preußische Kultusministerium in Berlin den Brief eines besorgten Bürgers, der die Konradsburg besucht hatte. Der Mann schrieb: „… wie groß war mein Erstaunen, als ich in die Krypta eintrat und darin einen dunklen, unreinen Viehstall erblicken musste, wo die Säulen und Schwibbogen mit Staub, Ruß und Spinnweben so sehr bedeckt waren, dass die Schönheit dem Auge kaum merklich wurde."

Es stimmte: Die Reste der Klosterkirche wurden als Scheune genutzt, und die herrliche romanische Krypta war ein Schweinestall für mehr als 50 Tiere. Der Brief rüttelte die Behörden wach. 1834 begannen die ersten Arbeiten, um zu erhalten, was vom Erbe der Konradsburg noch übrig war.

KURZE GESCHICHTE DER BURG

Die Konradsburg wurde erstmals im 11. Jh. erwähnt, vermutlich aber ist sie sehr viel älter. Woher sie ihren Namen hat, ist nicht bekannt.

WIE SIND DIE SCHWEREN STEINE AUF DIE HOHE MAUER GEKOMMEN?

Im 12. Jahrhundert gab es schon Kräne. Das waren breite Laufräder, die am jeweils höchsten Punkt der wachsenden Mauer aufgestellt wurden. Im Rad liefen zwei, drei Knechte, immer im Kreis, wie die Hamster im Käfig. Sie wickelten ein Seil auf dieses Rad, es wurde dadurch immer kürzer, und der unten angebundene oder durch eine Zange festgehaltene Stein kam höher und höher bis er von anderen Männern auf den niedrigen Mauerabschnitt gezogen und abgelegt werden konnte. Er wurde dann auf der Mauer weitertransportiert. Meistens auf einer Trage die – je nach Gewicht – zwei oder vier Männern schleppten. Ein solches Laufrad gibt es noch auf der Konradsburg. Man darf mit seiner Hilfe Wasser aus dem Brunnen heben.

Dass König Konrad I., der glücklose Vorgänger Heinrichs I., mit dem Bau etwas zu tun hatte, ist nicht belegt. Man weiß aber, dass die Burg Stammsitz eines Adelsgeschlechts war, dass sich nach dieser Burg nannte. Die edelfreien Herren von der Konradsburg erbauten – nachdem der Alte Falkenstein 1115 in den Kämpfen König Heinrichs V. gegen die aufständischen Sachsen zerstört worden war – ganz in der Nähe den Neuen Falkenstein. Der wurde fortan ihr Wohnsitz, und sie nannten sich seit 1120 „von Falkenstein". Den Namen „von der Konradsburg" legten sie erst 1142 endgültig ab. Ihr alter Stammsitz aber wurde ein Benediktinerkloster. Engino II. von der Konradsburg hatte um 1080 im Streit den Grafen Adalbert von Ballenstedt erschlagen. Um diese Tat vor Gott und dem Kaiser zu sühnen, gaben die Konradsburger ihre Stammburg zugunsten eines Klosters auf. Ein paar Rechte hatten sie sich zuvor jedoch gesichert: Sie waren die Schutzvögte des Klosters, d.h., sie vertraten es in weltlichen Geschäften. Adelbert, der erste Abt, hatte sein Amt von 1133 bis 1151 inne. Die Ära der Benediktiner endete Mitte des 15. Jh. Der Grund ist nicht bekannt, das Kloster wurde „freiwillig und ruhmvoll aufgegeben" heißt es in einem Dokument Papst Sixtus' IV., der das Kloster auf der Konradsburg 1476 Kartäusermönchen aus Erfurt überschrieb. 1525 nahmen aufständische Bauern das Kloster ein und plünderten es; die Gebäude aber blieben weitgehend erhalten. Die Konradsburg gehörte – nach manchen Streitigkeiten um das wüstgefallene Kloster – den Herren von Hoym, sie nutzten die Burg und das dazugehörende Land als Tafelgut. Schritt für Schritt wurden die meisten Gebäude abgerissen und neue gebaut. Das war auch in der Zeit als preußische Domäne (1721–1945) nicht anders. Bis zum Ende der DDR wurden die verbliebenen Gemäuer als Wohn- und Wirtschaftsgebäude genutzt; erst in den 1980er Jahren begann die denkmalpflegerische Arbeit. In den letzten Jahrzehnten wurde unter tätiger Mitwirkung des „Förderkreis Burg Konradsburg e. V." eine umfangreiche Arbeit geleistet und die Burg Besuchern wieder zugänglich gemacht.

RUNDGANG

Der wichtigste Bau ist der Rest der *Klosterkirche* mit der Krypta. Das Schiff der Kirche wurde bereits im 16. Jh. abgerissen. Übrig blieben das Sanktuarium, der hohe Chor mit einer großen Apsis und zwei flankierenden Absiden sowie die Krypta. Der Chor wurde nach Westen mit einer Trennwand geschlossen. Zu diesem nun als *Kapelle* genutzten Raum führen sechs Stufen hinauf. Im

In der Krypta unter der Burgkapelle

lichtdurchfluteten Innenraum strahlen die Kreuzgratgewölbe im Mittelschiff und den beiden Seitenschiffen in Weiß. Sie werden von mächtigen Wand- und Freipfeilern (roter Sandstein und heller Kalkstein) getragen; ihre Kämpfer und Basisprofile sind reich profiliert und Meisterleistungen der Steinmetzkunst des 12. Jh. Über dem Eingang befindet sich seit 2001 ein bedeutendes Werk aus der Gruppe der sächsischen Großkreuze: Das *Konradsburger Kruzifix* entstand im 13. Jh. In der rechten Ecke der Nordwand ist ein Steinrelief eingelassen. Seine Herkunft ist unklar. Das Bild – ein betendes mittelalterliches Königspaar (?) – wurde 1931 aus der Nordscheune der Burg geborgen.

Rechts neben dem Eingang zur Kapelle führen wenige Stufen hinab in die *Krypta*. Auch sie ist dank der acht hohen Fenster lichtdurchflutet. In den fünf (!) Schiffen der Halle werden die Kreuzgratgewölbe mit unterschiedlicher Jochbreite von Pfeilern, Säulen, Wandsäulen und Konsolen getragen. Ihre Kämpfer und Kapitelle sind außerordentlich reich profiliert, Ranken und Blattornamente dominieren. Fast alle sind im Original erhalten, wenige mussten ersetzt, nur einige ergänzt werden. Die Arbeit wird allgemein mit der Kunst des Naumburger Meisters gleichgesetzt; niederrheinische und französische Einflüsse werden vermutet.

Die Größe der ehemaligen Kirche lässt sich anhand des Umfangs des einstigen Kreuzgangs ermessen. Er ist durch Pflasterung im Hof – 20,7 x 17,7 m – angedeutet. In der Mitte dieser 366 m^2 befindet sich der *Brunnen* (Tiefe 45 m). Er ist mit einem Brunnenhaus (1867) überbaut. Sein Wasser wurde mit Hilfe eines Eseltretrades gefördert. Es war bis etwa 1950 in Betrieb. Heute können sich Besucher beim Lauf im Rad mit dieser mittelalterlichen Technologie bekannt machen.

Die Gebäude um den weitläufigen Innenhof entstanden überwiegend im 17. bis 19. Jh. In ihren Mauern sind architektonische Elemente der alten Burg und der verschwundenen Klostergebäude integriert. Das trifft auch auf Teile der noch erhaltenen *Ringmauer* zu.

In der Nordostecke liegt das ehemalige *Herren- bzw. Verwalterhaus*. Erdgeschoss und Keller stammen aus dem 16. Jh.; sehenswert sind der *Klosterkeller* und die *Schwarze Küche*. Ihre alten Gewölbe bieten heute das Ambiente für allerlei Gastlichkeit von Konzerten bis zum „Ritteressen". Im Ostflügel des Hauses (19. Jh.), einem ehemaligen Stall, sind das *Café* und eine *Galerie* untergebracht. Hier ist die Anlaufstelle für Führungen durch die Krypta und die Kirche, die der Stiftung Dome und Schlösser in Sachsen-Anhalt zugeordnet sind.

Lage: auf einer Anhöhe ca. 3 km südwestlich der Stadt Ermsleben; A 14 (Abfahrt 10), B 185 Richtung Aschersleben, ca. 20 km. Parken: vor der Burg.
Tel.: (0 34 73) 9 25 64 (Förderkreis Konradsburg)
www.konradsburg.com
April–Okt. Mo.–Fr. 10–17 Uhr, Sa./So. 10–18 Uhr, Nov.–März Mo.–Fr. 10–16 Uhr, Sa./So. 10–17 Uhr
Trauungen auf der Konradsburg
Standesamt Falkenstein/Harz
Tel.: (0 34 73) 9 61 40
Galeriecafé
www.konradsburg.com
Sa./So. 14–18 Uhr. Für Reisegruppen auf Voranmeldung auch außerhalb dieser Zeiten.

EXTRATIPP: Unweit der Konradsburg, am Ausgang des Selketales (Naturschutzgebiet Friedrichhohenberg) liegt eine ländliche Idylle, die insbesondere Kindern viel zu bieten hat. Es gibt ein historisches Backhaus, in dem „mittelalterlich" gebacken wird (mitmachen erwünscht!), einen Weiher, einen sortenreichen Bauerngarten, auf den umliegenden Wiesen grasen alte Haustierrassen. In der historischen Dreiflügelanlage stehen einfache Übernachtungsmöglichkeiten zur Verfügung. Von hier aus führen Wanderwege u.a. zur Konradsburg, zur Burg Falkenstein und zur Burg Arnstein.
Tel.: (0 34 73) 9 25 65
www.konradsburg.com

BURG FALKENSTEIN

★ TOP-TIPP

Wer in der DDR aufgewachsen ist, kennt die Burg Falkenstein. Natürlich konnte nicht jedes Kind die am besten erhaltene Burg des Landes besuchen, aber im Kino und vor dem Fernseher bekam man sie häufiger zu Gesicht. Die Filmscouts mussten nicht lange suchen, wenn gruslig-romantische Szenen gedreht werden sollten. Und so flogen etwa in der beliebten Fernsehserie „Spuk unterm Riesenrad" die Geisterbahnfiguren Hexe, Riese und Rumpelstilzchen vom Berliner Freizeitpark Plänterwald über den Harz und landeten zu einem Abenteuer auf dem Falkenstein. Es gibt zahlreiche Märchenfilme, in jüngster Zeit aber auch Unterhaltungssendungen, in denen die historischen Gemäuer ins Bild gesetzt sind: Die Burgküche, der Rittersaal, die schmalen Stiegen des Bergfrieds, die niedrigen Gewölbe und – wen wundert es – das Verlies im Fuß des Bergfrieds.

KURZE GESCHICHTE DER BURG

Der Falkenstein hat seine Entstehung einem Mord zu verdanken. Engino II. von der Konradsburg hatte um 1080 im Streit den Grafen Adalbert von Ballenstedt erschlagen. Um diese Tat zu sühnen, gaben die Konradsburger ihre Stammburg zugunsten eines Klosters auf

Der Rittersaal auf Burg Falkenstein

und erbauten sich als neuen Sitz die Burg Falkenstein.

Um jede Erinnerung an die böse Tat auszulöschen, nannten sich die Konradsburger ab 1141 nur noch Herren von Falkenstein. Das verdeckte ihren Namen noch ein wenig mehr, denn es gab bzw. gibt noch immer im deutschsprachigen Raum etwa 25 Burgen mit dem Namen Falkenstein.

Unter Burchard von der Konradsburg wurde 1120 mit dem Bau der Kernburg begonnen.

Die Herren von Falkenstein waren einflussreich und mächtig, schon 1200 erlangten sie die Vogtei über das Reichsstift Quedlinburg. Das heißt: Sie vertraten das Stift im weltlichen Rechtsverkehr. Dadurch wurde der Klerus – gemäß dem Grundsatz „Die Kirche dürstet nicht nach Blut" (ecclesia non sitit sanguinem) – von der Ausübung der (Blut-)Gerichtsbarkeit befreit. Diese juristische Arbeit schulte die Falkensteiner: Hier liegt wohl der Grund, warum Graf Hoyer II. von Falkenstein (die Sippe hatte den Grafentitel 1155 erworben) um 1220/35 den Rechtskundigen Eike von Repgow förderte und ihn beauftragte, das Rechtswissen der Zeit in deutscher Sprache zusammenzufassen. Dass der später berühmte „Sachsenspiegel", das Grunddokument der deutschen Rechtsgeschichte, auf der Burg Falkenstein niederge-

> Nun danket allgemein
> dem von Falkenstein,
> der Graf Hoyer ist genannt,
> dass ins Deutsche ist gewandt
> dies Buch auf seinen Rat:
> Eike von Repchow es tat.
>
> Aus der Reimvorrede zum Sachsenspiegel

schrieben wurde, lässt sich nicht beweisen, aber er entstand auf jeden Fall im nördlichen Harzvorland – und da hatte Graf Hoyer II. weithin das Sagen.

Burchard V., der letzte erbenlose Falkensteiner, vermachte seinen Besitz dem Hochstift Halberstadt. Von da kam es 1437 in den Besitz der Herren von der Asseburg, die bis 1945 Burgherren blieben. Die von der Asseburg entfalteten im 15. und 17. Jh. eine umfangreiche Bautätigkeit, der mittelalterliche Charakter der Gesamtanlage wurde aber dadurch nicht beeinträchtigt. Obwohl Burg Falkenstein im 18. Jh. auf Abbruch verkauft wurde, geschah nicht viel. Dem Grafen Ludwig I. von Asseburg-Falkenstein blieb genug, um sie im 19. Jh. als Jagd- und Sommerresidenz wiederherzustellen. Wohnräume wurden noch bis ins 20. Jh. ausgestaltet. Seit 1946 ist die Burg Museum, heute Teil der

▶ Malerisch im Harz gelegen:
Burg Falkenstein

Brunnen im Burghof

Stiftung Schlösser, Burgen und Gärten Sachsen-Anhalts und eines der beliebtesten Ausflugsziele im Harz.

RUNDGANG

Ob mit dem Shuttle oder auf verschiedenen Wanderwegen: Alle Besucher erreichen das Tor im Nordosten der Burg, im Bereich des ersten Zwingers und des heute zugeschütteten vierten Grabens. An diesen Zahlen wird deutlich: Falkenstein besaß einst mehrere Tore – insgesamt sieben – und dementsprechend auch mehrere Gräben und Zwinger. Es lohnt, zunächst etwas zurück auf den etwa 10 m höher gelegenen östlichen Bergsporn zu ge-

---

EINE BURG FÜR KINDER

Die gut formulierten Texte im Burgmuseum berücksichtigen in vorbildlicher Art und Weise die Ansprüche der jüngeren Besucher. Es ist eine Sprache, die ihren Erfahrungen nahe kommt, die sie leicht aufnehmen können.

Kinder- und Jugendarbeit nimmt einen großen Teil der Arbeit der Museumsmannschaft ein; sie umfasst Angebote für Kindergartenkinder (abenteuerliche „Schatzsuche mit Spaßgarantie") und Schulklassen (u. a. „Ritterschlag" und „Scriptorium") bis zum Feuerentfachen und kreativen Kochen in der Burgküche. Tel.: (0 34 43) 5 35 59 16 (museumspädagogische Angebote) · (0 34 43) 5 35 59 15 (Geburtstagsfeiern) · www.burg-falkenstein.de

hen und das Bild auf sich wirken zu lassen. Hier steht, dicht vor der noch erhaltenen Schildmauer, ein hoher Gedenkstein für Eike von Repgow, errichtet 1933 zum 700. Jahrestag des Sachsenspiegels. Von diesem Standort aus sind die Ost-, fast die gesamte Südseite und ein Teil der Nordseite der Kernburg (12. Jh.) in einem Blick zu erfassen. Hinter den hohen steinernen Gebäuden mit den aufgesetzten Fachwerkgeschossen erhebt sich der *Bergfried*. Er ist „nur" 23 m hoch, wirkt aber höher, denn der Hof der Kernburg, in dem er steht, liegt 9 m über dem Niveau des Halsgrabens. Auffällig (und selten im deutschen Burgenbau) ist der in Richtung Osten aus seiner Rundung fast spitz zulaufende Maueraufbau. Durch diese Formgebung (Schnabelturm) sollte an der Hauptangriffsseite feindliches Feuer leichter abgelenkt werden.

Durch den südlichen Zwinger führt der Weg längs der *Ringmauer* durch weitere Tore in das Gelände der ehemaligen Zwinger Nr. 4 und 5 an der Westseite. Die einst trennende Mauer ist verschwunden, große Teile des Geländes stehen für die *Falknerei* zur Verfügung. Keine Frage: Sie wird hier – auf dem Falkenstein – auch erwartet. Versierte Falkner geben hier Proben ihres Könnens. Vorgeführt werden Falken, Adler und Eulen im freien Flug, und es werden Methoden der vier-

Eines der Tore zur Burg

tausend Jahre alten Beizjagd erläutert.

Durch das „Krumme Tor" und einen schmalen Durchlass unter der Kemenate wird der *Hof der Kernburg* betreten. Wie schon die „Schauseite" so ist auch dieser Anblick außerordentlich beeindruckend. Eine mittelalterliche Kernburg, vollkommen geschlossen! Die Obergeschosse der Häuser ringsum – man kann es an ihrem Fachwerk erkennen – sind in späteren Jahrhunderten aufgesetzt bzw. erneuert worden, aber fast alle Sockelgeschosse und alle Keller entstanden im 12. Jh.

Im Tiefgeschoss der Kemenate liegt die spätromanische *Burgkapelle*, die viele Jahre nicht zugänglich war, nun aber nach umfangreicher Restaurierung mit ihren einmaligen hochmittelalterlichen Glasfenstern und ihrer Barockausmalung wieder besichtigt werden kann. Das romanische Pfortenhäuschen an der Nordseite führt in den *Bierkeller*, das links in der Kemenate in einen *Vorratskeller*. Auf Tafeln werden in aller Kürze die wichtigsten Informationen gegeben. Neben dem Treppenturm an der Südseite (Renaissance-Portal) liegt die historische *„Schwarze Küche"*, sie ist mit weitgehend originalen Geräten aus mehreren Jahrhunderten eingerichtet. Der *Treppenturm* führt ins *Museum*: Hier kann man Raum für Raum durchschreiten. Gezeigt werden Möbel verschiedener Epochen, darunter im „Rittersaal" eine reich gedeckte Tafel. Der Geschichte der Burg und den Leistungen der Herren von Asseburg sind mehrere Räume gewidmet. Natürlich auch Eike von Repgow und seiner epochalen Arbeit. Wichtige Passagen des Sachsenspiegels kommen ins Bild und werden populär erklärt.

Die *Königszimmer* (F. A. Stüler, 1840) bilden das stimmungsvolle Ambiente für Hochzeiten auf Burg Falkenstein.

Die Waffenschau und die Jagdausstellung, die früher dominierten, sind auf ein hinreichendes Maß reduziert worden. Am Ende des Rundweges durch Gänge, schmale Passagen und zahllose Räume, führt aus dem Nordflügel eine schmale Galerie in den *Bergfried*. Er besitzt mehrere Geschosse, über das unterste kommt man in das *Burgverlies*. Hier soll u.a. 1779 die Kindsmörderin Maria Elisabeth Voigtländer bis zur Vollstreckung des Todesurteils eingesessen haben. Ihr hat der Dichter Gottfried August Bürger aus dem nahen Molmerswende in seiner Ballade „Des Pfarrers Tochter von Taubenhain" ein bewegendes literarisches Denkmal gesetzt und damit die Moral der Adelsgesellschaft seiner Zeit angeklagt. Die Pfarrerstochter war vom Junker von Falkenstein verführt worden, der aber brach kaltschnäuzig sein Heiratsversprechen.

Von drüben herüber, von drüben herab,
dort jenseits des Baches am Hügel
blinkt stattlich ein Schloss auf das Dörfchen im Tal,
die Mauern wie Silber, die Dächer wie Stahl, die Fenster wie brennende Spiegel.

Da trieb es der Junker von Falkenstein
in Hüll und in Füll' und in Freude.

Gottfried August Bürger, aus der Ballade „Des Pfarrers Tochter von Taubenhain"

Über die oberen Etagen des Bergfrieds kommt man auf die Plattform, 23 m über dem Hof, aber 31 m über den Zwingeranlagen. Der Blick reicht in das Naturschutzgebiet Selketal und das nordöstliche Harzvorland.

Lage: An der Straße zwischen Meisdorf und Pansfelde. Günstigste Anfahrt über Aschersleben, B 185 bis Ermsleben, Meisdorf. Parken: kostenpflichtiger Parkplatz. Vom Platz verkehren ein Shuttle und Pferdekutschen zur Burg (2 km), Fußweg 1,8 km, leicht ansteigend. Fußweg aus dem Selketal: von Meisdorf ca. 5 km, steil ansteigend.
Tel.: (03 47 43) 53 55 90
www.burg-falkenstein.de
Führungen für Gruppen ab 8 Personen nach Voranmeldung, Dauer 30–45 min, Einzelbesucher wochentags 14 Uhr.
April–Okt. tgl. 10–18 Uhr, Nov.–März Di.–So. u. Feiertage 10–16.30 Uhr
Falknerei
Vorführungen je 30 min, Kosten im Eintrittspreis der Burg enthalten
März–Okt. Di.–Fr. 11/15 Uhr, Sa./So., Feiertage 11/14/16 Uhr
Trauungen auf Burg Falkenstein
Tel.: (03 47 43) 9 61 40 (Standesamt Falkenstein/Harz)
Tel.: (03 47 43) 5 35 59 16 (Burg Falkenstein)
Burggaststätte „Krummes Tor"
Über dem 3. Tor der Burg Falkenstein befinden sich die rustikale Gaststätte im Jagdstil und ein Biergarten. Nicht fehlen darf natürlich ein Ritteressen in 5 Gängen mit Burgknecht und Spielmann.

April–Okt. tgl. 10–18 Uhr, Nov.–März Di.–So. 10–16.30 Uhr
Gaststätte und Pension „Gartenhaus"
In der ehemaligen Gärtnerei der Burg Falkenstein können die Gäste alle Vorzüge eines Restaurants und Cafés nutzen. Im rustikalen Gästeraum stehen sowohl Kaffee und Kuchen als auch deftigere Mahlzeiten auf der Karte. (am Parkplatz)
Tel.: (03 47 43) 6 20 12
www.gartenhaus-falkenstein.de

EXTRATIPP: In der Hauptsaison bietet ein Marketenderwagen rechts hinter dem „Krummen Tor" einen einfachen Imbiss an. Auf der Bastion über dem westlichen Zwinger befindet sich ein geräumiger Picknickplatz mit Tischen und Bänken.

▶ **ABSTECHER**
   WIPPRAER RODELBAHN
Im Wippraer Wolfstal finden sich neben der Sommerrodelbahn (60 m Höhenunterschied) ein Kletterfelsen (ca. 17 m hoch, 300 m² Kletterfläche), ein Abenteuerspielplatz mit Wasserrutsche, Trampolin etc. und ein Barfuß-Wanderpfad. Kioske, Café, Gaststätte und Biergarten mit Blick auf die Kinderattraktionen.
Lage: Wippra, 19 km südl. von Burg Falkenstein, L 30
Tel.: (03 47 75) 2 01 60
www.wippra-harz.de/Rodelbahn
Mitte März–Okt. tgl. 10–18 Uhr und nach Absprache

BURG ARNSTEIN

Burg Arnstein ist eine der größten und attraktivsten Burgruinen im Harzvorland. Ihr Bau geht auf das Jahr 1130 zurück. Nach ihrem Gründer Walter von Arnstedt, einem der Großen des sächsischen Adels, wechselte sie im Laufe der Jahrhunderte oftmals den Besitzer, darunter waren die Grafen von Regenstein und die vom nahen Falkenstein.

KURZE GESCHICHTE DER BURG

Erstmals wurde die Burg im Bauernkrieg zerstört, Graf Hoyer IV. von Mansfeld ließ sie 1530 wieder aufbauen, unter den Mansfeldern wurde die Burg – wie manche andere auch – zum Schloss umgebaut.

Wesentliche Teile der alten Anlagen aber blieben erhalten. Nach Jahren unter kursächsischer Herrschaft, das Schloss war nach dem Aussterben der Grafenlinie Mansfeld-Vorderort-Arnstein bereits stark verfallen, fiel der Arnstein, wie weite Teile Sachsens und ganz Thüringen, 1815 an Preußen. Die neuen Besitzer, die Freiherren von Knigge, begannen mit ersten Sicherungsarbeiten, aufhalten konnten sie den Verfall nicht. Aber einer, Adolph Freiherr von Knigge, hat noch hier – wenn wohl auch nur kurzzeitig – gewohnt und an seinem „Benimmbuch" geschrieben, das deutschlandweit berühmt wurde und heute noch bekannt ist.

Die Burg Arnstein ist noch in sehenswerten Resten erhalten

Auch im Winter lohnt ein Besuch des Arnsteins

RUNDGANG

Die Ruinen des Arnsteins können ungehindert besucht werden. Größere Teile der Ringmauer sind noch erhalten, teilweise der Palas und der Bergfried. An den Gebäuden wurden in den Jahren 2000/01 und seit dem fortlaufend Sicherungs- und Sanierungsarbeiten durchgeführt. Einige Räume können bereits betreten werden. Der Blick aus dem völlig entkernten Palas vermittelt einen Eindruck von der ursprünglichen Größe dieser Burg. Für den Besuch der Kelleranlagen empfiehlt sich die Mitnahme einer starken Taschenlampe, man sollte jedoch keinesfalls allein gehen.

Östlich sind Ruinen von Gebäuden der Vorburg verstreut. Sie sind aber nur schwer zugänglich, sehr baufällig und sollten nicht betreten werden. Vom völlig beräumten Plateau, öffnet sich ein weiter Blick ins Harzvorland.

Der Arnstein ist heute im Besitz der Gemeinde Harkerode und noch nicht touristisch erschlossen. Ein Heimatverein kümmert sich um den Erhalt der Anlagen.

Lage: Über dem Dorf Harkerode nordwestlich von Hettstedt. Wanderweg von der Konradsburg oder dem Falkenstein ca. 12 km. Von Hettstedt auf der B 180, in Quenstedt Richtung Sylda, ab dort Ausschilderung beachten. Die Ruine liegt auf einem steil abfallenden Bergsporn und ist bereits von Weitem zu sehen. Parken: am Fuß des Bergsporns. Tel.: (0 34 72) 4 27 (Heimatverein Harkerode)

Ganzjährig zugänglich

BURG FRECKLEBEN

Dass Politik – der Kampf um Macht und Einfluss, um Geld und Landbesitz – nicht nur ganze Völker, Klassen und Familien, ja sogar Geschwister zu tödlichen Feinden machen kann, ist so neu nicht. Auf der Burg Freckleben erschlugen sich im Jahr 1115 – unter den Augen ihrer Mutter! – zwei Brüder. Sie waren Ritter aus dem stadeschen Geschlecht, das sich „von Freckenleve" nannte.

Der mörderische Zweikampf fand am Vorabend der Schlacht am Welfesholz in unmittelbarer Nähe der Burg statt. Ein Bruder hielt treu zum Kaiser Heinrich V., der andere stand bei der sächsischen Adelsopposition. Am 15. Februar 1115 entschied sich das politische Schicksal des letzten Salier-Kaisers. Seine Gegner unter Führung des Herzogs Lothar von Süpplinburg gingen als Sieger vom Platz. Heinrich V. verlor jeglichen Einfluss im Norden des Reiches. Zehn Jahre später saß der Herzog als König Lothar III. auf dem Thron, ab 1133 war er Kaiser.

Die beiden toten Brüder wurden nach der Überlieferung in der Kirche von Freckleben begraben. Das stimmt wohl nicht: Bischof Reinhard von Halberstadt, Exponent der Sieger, hatte den toten kaiserlichen Streitern ein christliches Begräbnis verweigert und sie damit der Verdammnis preisgegeben.

KURZE GESCHICHTE DER BURG

Freckleben, der Burghügel und der Ort selbst, ist weitaus älter, als die schriftlichen Quellen reichen. Steinkistengräber aus der Zeit zwischen 800 und 500 v. Chr. wurden hier gefunden, und das noch immer sichtbare, gewaltige, siebenfach gestaffelte Wall- und Grabensystem, das heute mit Streuobst bestanden ist, deutet auf eine Fluchtburg aus der Zeit der Völkerwanderung (etwa 500 n. Chr.) hin. Im frühen Mittelalter deckte die Burg – Hinterburg und Kernburg zusammengenommen – eine Fläche von etwa 18.000 m^2.

Erstmals genannt wird die „villa Frekenleba" im Jahr 973. Damals erwarb der Bischof von Magdeburg die Burg vom Kloster Fulda. Wahrscheinlich mehr als zwei Jahrhunderte hießen die Burgenherren „von Freckenleve". Sie waren stark und mächtig. Dienstleute des Markgrafen Albrecht des Bären aber erschlugen 1130 mit Udo IV. von Freckleben den letzten Sohn der unglücklichen Gräfin. Auch diese Bluttat blieb in der Familie. Udo IV. war mit einer Schwester Albrechts des Bären verheiratet. Noch im gleichen Jahr ließ König Lothar III.

Kamin im Bergfried III

Freckleben als herrenloses Lehen einziehen.

Freckleben wurde Reichsburg – so sahen es die Gesetze vor –, doch Kaiser Barbarossa tauschte sie bereits 1166 ein. Erzbischof Wichmann von Magdeburg gab ihm für das „castrum Vrackenleveh" wertvolle Liegenschaften am Rhein.

1479 erwarben die Dessauer Anhaltiner Teile zum Lehen, nach der Reformation waren sie alleinige Besitzer – bis 1945.

Schon im 16. Jh., nach Aufgabe der Wehrfunktion, waren Burg und der dazugehörende Landbesitz Domäne. Die landwirtschaftliche Nutzung blieb bis zum Ende der DDR bestehen. Noch heute leben in den Gebäuden des Wirtschaftshofes ehemalige Mitglieder der landwirtschaftlichen Produktionsgenossenschaft.

RUNDGANG

Bergfried I: Der runde Turm in der südöstlichen Hofecke, heute, einschließlich des rekonstruierten Abwurfdaches, etwa 22 m hoch, ist das älteste Bauwerk, obwohl er aufgrund seines hellen Putzes und des aufgesetzten Daches keineswegs so wirkt. Zu hoffen bleibt, dass die an ihm rechts und links anschließenden uralten Mauern (11. Jh.?) nicht auch eine solche Behandlung erfahren.

Jüngste bautechnische und archäologische Untersuchungen sowie wenige romanische Elemente verweisen auf eine Bauzeit zwischen 1100 und 1150.

Auch im Innern wurde grundlegend saniert. Eine massive Holztreppe führt auf die Wehrplatte. In den Stockwerken informieren Texttafeln über ursprüngliche Funktionen, Arbeitsschritte der Sanierung und Funde bei der Schutträumung und den Grabungen im Erdgeschoss. Wichtigster Fund ist der „Löwe von Freckleben", ein kleines feuervergoldetes Medaillon, das dank eines Wappens Heinrich dem Löwen zugeordnet werden kann.

In den einzelnen Stockwerken geben Mauerdurchbrüche und Schießscharten Einblicke in den Aufbau des Turmes: Bis zu 3,05 m starke Wände, innen und außen regelmäßige Bruchsteinmauerung mit größeren Werksteinen versetzt. Zwischen Innen- und Außenschale befinden sich geschüttete Bruchsteine, vergossen mit Kalk-Gips-Mörtel. Es ist die fast überall in den mitteldeutschen Burgen des 11./12. Jh. bevorzugte Mauerung.

Aus den acht Fenstern der wieder überdachten Plattform (sie ersetzen die ehemaligen Zinnen) hat man einen Blick auf die nahen Höhenzüge über dem Wippertal, Richtung Westen aber reicht die Aussicht bis zum 66 km entfernten Brocken.

Der Bergfried II stand in der südwestlichen Ecke der Kernburg; er wurde – Tiefengrabungen vorbehalten – spurlos abgerissen. Mit einer Höhe von 31,83 m und seiner markanten Form dominiert der *Bergfried III* schon von Weitem die Burganlage. Auch er war wehrhaft, diente aber hier, an der Nordseite der Burg, in seinem unteren Teil als Wohnturm und ab der halben Höhe als Beobachtungsturm. Auffällig ist die Form: Der untere Teil ist annähernd quadratisch (bis 6,90 x 7,59 m, Mauerstärke 2,20 m), der obere Teil achteckig (Mauerstärke 1,20 m).

Wie bei fast allen Bergfrieden lag auch hier der Eingang in erheblicher Höhe, im dritten von insgesamt sechs Geschossen. Heute befindet er sich zu ebener Erde, man betritt den Turm im Verlies. Dass dies ein ungemütlicher Ort war, wird anschaulich dargestellt, inklusive des Hinweises auf das Angstloch (heute vermauert), durch das die Gefangenen einst hinuntergelassen wurden.

Auf schmalen Leitern kann Geschoss um Geschoss betreten werden. Erhalten hat sich u. a. ein Kamin, vermutlich, wie der im Bergfried I, ebenfalls im 12. Jh. gebaut. Wichtigster Fund bei der Restaurierung dieses Turmes (1994/96) waren die Drehspindelleitern im 5. und 6. Geschoss. Diese Art Treppen im Turmbau sind heute einmalig in Deutschland! Eine drehbare Spindel (ein starker, absolut lotrechter Baumstamm) nimmt

▶ Der Bergfried III der Burg fällt durch seine ungewöhnliche Form auf

Drehspindelleitern im Bergfried III

die einzelnen frei schwebenden Stufen (schmale Latten) auf. Durch Drehen der Spindel gelangte der Wächter an jede beliebige Scharte des Turmes und hatte freien Blick in alle Himmelsrichtungen. Im 18. Jh., nach der Aufgabe der Wehrfunktion der Burg, wurden im Turm Brieftauben gezüchtet. Das war nur privilegierten Schichten gestattet. Die Drehspindelleiter ermöglichte nun, jedes der sinnvoll angebrachten Taubennester zu kontrollieren. Schwindelfreie Besucher können die solide Konstruktion besteigen.

In einem aus Bruchsteinen aufgeführten Gebäude unmittelbar rechts vom Bergfried III. sind die Bestände des *Heimatmuseums* untergebracht. Es befindet sich im Aufbau und versammelt vor allem Sachzeugnisse aus dem Alltags-

leben der ländlichen Bevölkerung. Der alte Schafstall in der Nordwestecke des Wirtschaftshofes, kenntlich an den Resten eines romanischen Portals, wird ausgebaut, er soll einen Teil dieser Sammlung aufnehmen und würdig präsentieren.

Wie auf den meisten Burgen war auch der *Burgbrunnen* von Freckleben lange Zeit verschüttet. Im Jahr 2000 wurde er freigelegt und rekonstruiert. Dabei entdeckte man in 8 m Tiefe einen Kriechgang vom bzw. zum Bergfried III. Der Brunnen hat bei 27 m Tiefe einen Wasserstand von 6,80 m.

Lage: Im Städtedreieck Aschersleben, Hettstedt, Sandersleben an einer untergeordneten Straße. Parken: unmittelbar vor der Burg und im Burggelände.

Tel.: (03 47 85) 2 02 88 (Heimatverein Freckleben e. V., Frau Rockmann)

Ausstellung im Heimatmuseum

ÜBERNACHTUNGS-TIPPS

HOTEL-PARK-RESIDENZ

€€€ Stilvolle Villa mit hellen und gemütliche Zimmern und Suiten. Der hoteleigene Pool steht zur freien Verfügung.
Unterstraße 33, 06449 Aschersleben
Tel.: (0 34 73) 22 57 50
hotel-park-residenz@online.de
www.hotel-park-residenz.de

HOTEL STADT ASCHERSLEBEN

€€€ 8 gemütliche Zimmer in zentraler Lage, unweit des Bahnhofs und des Stadtparks.
Herrenbreite 17, 06449 Aschersleben
Tel.: (0 34 73) 8 72 60
info@hotel-stadt-aschersleben.de
www.hotel-stadt-aschersleben.de

SCHLOSSHOTEL BALLENSTEDT

€€€€€ Das Schlosshotel, Teil der alten Schlossanlage, bietet behagliche bis luxuriöse Unterkünfte und zwei angeschlossene Restaurants.
Schlossplatz 1, 06493 Ballenstedt
Tel.: (03 94 83) 51-0
ballenstedt@vandervalk.de
www.vandervalk.de

PENSION KLAUS

€ Die am Waldrand gelegene, freundliche Pension (4 DZ) liegt nur wenigen Minuten von der Altstadt entfernt.
Lindestraße 12
38889 Blankenburg am Harz
Tel.: (0 39 44) 24 23

info@pensionklaus.de
www.pensionklaus.de

KUR- UND WELLNESSHOTEL FÜRSTENHOF ****

€€€€ 20 DZ im mediterranen Stil. Extra: Großer Spa-Wellness.
Mauerstraße 9
38889 Blankenburg am Harz
Tel.: (0 39 44) 9 04 40
info@wellnesshotel-fuerstenhof.de
www.kurhotel-fuerstenhof.de

HERBERGE AM FRIEDRICHS-HOHENBERG

€ Historische Dreiflügelanlage am Ausgang des Selketals mit einfachen Übernachtungsmöglichkeiten.
Tel.: (03 47 43) 9 25 65
kontakt@konradsburg.com
www.konradsburg.com

FAMILIENHOTEL THALMÜHLE

€€ Das Hotel mit Blick auf Burg Falkenstein bietet verschiedene Zimmervariationen an, u. a. Familienzimmer.
Falkensteiner Weg 1
06463 Falkenstein/Harz
Tel.: (03 47 43) 9 68 00
thalmuehle@email.de
http://hotel-thalmuehle.de

PENSION WOLFSHOF

€€ Einfache, aber gemütliche EZ und DZ für Nichtraucher und Familien-

Preisniveau: Doppelzimmer €€€€€ ab 100 € / €€€€ ab 80 € / €€€ ab 60 € / €€ ab 40 € / € unter 40 €

appartement mit getrennten Schlaf-
räumen.
Schlossberg 2, 06493 Harzgerode
Tel.: (03 94 84) 22 04 • 24 63
www.harzer-pension.de

JUGENDHERBERGE MEISDORF

€   101 Plätze (2 DZ, 17 MZ) direkt an
der Selke, 2 km außerhalb des Ortes, unterhalb der Burg Falkenstein. Spezielle
Angebote für Kinder und Jugendliche.
Falkensteiner Weg 2 B, 06463 Meisdorf
Tel.: (03 47 43) 82 57
service@djh-sachsen-anhalt.de
www.jugendherberge.de

LANDHAUS MEISDORF

€€   Kleines Landhaus in ruhiger Rand-
lage mit gemütlichen Einzel- und Dop-
pelzimmern, teilweise mit Balkon, sowie
einer Ferienwohnung.
Kamp 105 h, 06463 Meisdorf
Tel.: (03 47 43) 6 20 22
info@landhaus-meisdorf.de
www.iden.de

PARKHOTEL SCHLOSS MEISDORF

€€€€–€€€€€   Historischen Charme
und Komfort können Gäste in vier verschiedenen Zimmerkategorien genießen. Extras: Wellness- und Beauty-
bereich u.a. mit Schwimmbad, Saunen,
Golfplatz in der Nähe.
Allee 5, 06463 Meisdorf
Tel.: (03 47 43) 9 80
meisdorf@vandervalk.de
www.vandervalk.de

GASTHAUS UND HOTEL „DEUTSCHES HAUS"

€€–€€€   Das Wippraer Hotel mit
kompfortablen Zimmern (5 DZ, 2 MZ,
1 EZ) mit Restaurant ist seit 1845 in Fa-
milienbesitz.
Wippraer Bahnhofstraße 2
06526 Sangerhausen/OT Wippra
Tel.: (03 47 75) 2 02 84
math.hahn@web.de
www.deutsches-haus-wippra.de

BURG SCHLANSTEDT

€   Wohnen wie im Museum in einem
der alt eingerichteten Zimmer oder
im Templer-Turm (3 Betten) im Stil des
14. Jahrhunderts. Die Ferienwohnungen
können max. 4 Personen beherbergen.
Alles garantiert fernsehfrei.
38838 Schlanstedt
Tel.: (03 94 01) 6 39 33
info@burg-schlanstedt.info
www.burg-schlanstedt.info

ROMANTIK-HOTEL WASSER-SCHLOSS WESTERBURG

€€–€€€€€   Urlaub auf Deutschlands
ältester Wasserburg: Individuelle, farbig-
stilvoll gestaltete Zimmer nach verschiedenen Themen und für verschiedene
Ansprüche. Die preiswerteren Standard-
zimmer sind etwas einfacher und kleiner
in der Ausführung.
Westerburg 34
38836 Westerburg/Dedeleben
Tel.: (03 94 22) 95 50
info@hotel-westerburg.de
www.hotel-westerburg.de

ZWISCHEN HARZ UND ELBE

Im flachen Land zwischen dem Mittelgebirge und dem großen Strom gibt es nur an der Saale ein paar Felsen, die einer Höhenburg Raum bieten konnten. Die Bernburg gehört dazu und auch die älteste Burg am Fluss, der Giebichenstein in Halle. Ebenso die Burg Wettin, der Stammsitz des späteren sächsischen Königshauses.

Die meisten Befestigungen aber mussten als Niederungsburgen errichtet und deshalb mit besonders starken Mauern und Türmen gesichert werden. Die der Burg Querfurt waren so gewaltig, dass sie fast unbeschadet Jahrhunderte überdauert haben. Hier ist das Mittelalter noch präsent.

Zu den ältesten Burgen der Region gehört die Seeburg am Süßen See, und auch Burg Rosslau an der Elbe ist sehr alt. Sie brauchten keine extrastarken Mauern, ihren sicheren Schutz verdankten sie dem Wasser, das um ihre Mauern floss.

▲ Burg Giebichenstein über der Saale

BURG UND SCHLOSS ALLSTEDT

Thomas Müntzer war ein mutiger Mann. Am 13. Juli 1524 hielt er in der Kapelle von Burg und Schloss Allstedt die später sogenannte Fürstenpredigt. Der versammelte Adel der Region und Kurfürst Friedrich der Weise mussten für sie Unerhörtes zur Kenntnis nehmen: Die unmissverständliche Aufforderung, allen Untertanen ein menschenwürdiges Dasein zu garantieren. Der Funke zündete. Nicht nur bei den Bauern und der Stadtarmut, die Müntzers Forderungen zu den ihren machten und – da ihre Herren keine Einsicht zeigten – sich bewaffneten. Der Funke zündete auch beim Adel. Der kühne Priester wurde vom Landesherrn umgehend vorgeladen und verhört; nur vier Wochen später musste er Allstedt fluchtartig verlassen.

Über das Wirken des streitbaren Theologen in Allstedt informiert eine umfassende Ausstellung auf der Burg.

KURZE GESCHICHTE DER BURG

In den Annalen taucht Allstedt als Alstedi („die alte Stätte") bereits 777

Der Torturm mit den Flügelbauten des Südschlosses

auf. Karl der Große schenkte damals dem Kloster Hersfeld unter anderem die Kapelle des hl. Wipperti zu Allstedt. Ob dies zutrifft, wird von Historikern bezweifelt. Unstrittig aber ist die Erwähnung von „Urbs Altstediburg" im Zehntverzeichnis dieses Klosters für die Jahre 840–899. König Heinrich I. hat 935 in Altstediburch eine Urkunde ausgestellt, auch sein Enkel, Kaiser Otto II. hat hier geurkundet. 935 bis 1024 lassen sich 35 teils längere Aufenthalte gekrönter Häupter nachweisen. Kaiser Friedrich I. (der sagenhafte Barbarossa) kam 1188 mit großem Gefolge zum Reichstag nach Allstedt. Eike von Repgow zählt in seinem berühmten Sachsenspiegel fünf Pfalzen auf, in denen die Herrscher Hof hielten und zu Gericht saßen. Neben Grona, Werlitz (Goslar) Wallhausen und Merseburg ist das „Alstede".

Unter den Saliern und Staufern verlor die Reichspfalz allmählich an Bedeutung. Die Burg und die in ihrem Schatten entstehende Stadt wechselten in den kommenden Jahrhunderten oftmals die Besitzer. Zu ihnen gehörten die Grafen von Mansfeld und die Pfalzgrafen von Sachsen, die sich Sachsen-Allstedt nannten. Unter den Edelherren von Querfurt und später unter den Kurfürsten von Sachsen wurde die Burg Zug um Zug zu einem Schloss umgebaut. Die alte Kernburg, heute beherbergt sie das Burg- und Schlossmuseum, aber blieb in wesentlichen Teilen unangetastet und wehrhaft.

Nach 1525 wechselten erneut die Besitzer, auch die Stolberger Grafen bauten im 17. Jh. die alten Gemäuer aus und um, unter den sächsischernestinischen Herzogslinien gerieten Ost-, Nord- und Westflügel hofseitig zum Barockschloss. Es war seitdem vor allem Witwensitz und bis 1918 Jagdquartier der Großherzöge von Sachsen-Weimar. Nach 1945 bot das Schloss Notwohnungen für Umsiedler; nach Restaurierung und Rekonstruktion wird es seit 1975 museal genutzt.

RUNDGANG

Schon bei der Anfahrt aus der Stadt zum Schlossberg fällt ein mächtiger Turm ins Auge, er dominiert die Gesamtanlage. Der *Torturm* zur Vorburg wurde im 14. Jh. errichtet, die Flügelbauten des Südschlosses links und rechts von ihm erst im 18. Jh. Noch vor dem Tor liegt in einem Teil des alten Grabens eine erste Sehenswürdigkeit: *Tillys Kräutergarten*. Er kann besichtigt werden. Durch den gotischen Torturm mit den schönen Renaissance-Giebeln und die fünfeckige Vorburg gelangt man in den Wirtschaftshof, der zu Teilen noch seine ursprüngliche Funktion erfüllt. Von hier aus bietet sich ein erster Blick auf den Ostflügel der Kernburg, die von 1369 bis 1496 auf

THOMAS MÜNTZER IN ALLSTEDT

Müntzer war 1523/24 Prediger an der Stadtkirche St. Johannes. In diesen wenigen Monaten entstanden seine beiden Hauptschriften „Ausgedrückte Entblößung des falschen Glaubens der ungetreuen Welt" und „Hochverursachte Schutzrede wider das geistlose sanftlebende Fleisch zu Wittenberg". Sie enthalten Müntzers Lehre vom Widerstandsrecht des Volkes, die Weiterentwicklung der alten Lehre vom göttlichen Recht, vom Sturz der Gottlosen und der Schaffung einer Ordnung der Gleichheit. Er widersprach Luthers Auffassung vom leidenden Gehorsam als Christenpflicht. Auf Müntzers Veranlassung wurde der Allstedter Bund gegründet, ein „christliches Verbündnis" zum Schutze seiner Lehre.

den Fundamenten der alten Kaiserpfalz erbaut wurde, und auf den Tordurchgang in den Hof. Es empfiehlt sich aber, vor dem Tor links von der Brücke über eine solide Treppe in den *Burggraben* hinabzusteigen. In ihm lässt sich die Kernburg vollständig umschreiben. Hier gewinnt der Besucher den besten Eindruck von der Mächtigkeit der Mauern (bis zu 3,3 m) und er kann die Schönheit uralter Fensterwandungen und manches architektonische Detail im Mauerwerk entdecken. Dazu gehören u. a. Schießscharten für größere Geschütze in der südlichen Wehrmauer. Erhalten hat sich hier auch eine heute äußerst selten vorkommende Scharte mit Kugelschutzbohle. Wie sie funktionierte wird unter der Fachwerkgalerie des Südflügels im Burghof anhand eines Modells veranschaulicht. Das Tor am Ende der Brücke führt in den *Burghof*. Ein Rundblick bestätigt das

Buchwissen: Hier haben Generationen gebaut. Der östliche Flügel entstand im 16. Jh., Renaissancefenster und Steinmetzzeichen belegen das. Die spitzbogige Tür (15. Jh.) ließen die Edelherren von Querfurt einbauen, die zweiflügelige Barocktür wurde 1722/23 eingefügt, ein Portal aus Bernburg kam erst 1975 dazu. Der *Burgbrunnen* (43 m tief, 4 m Durchmesser) ist 1504/05 erstmals bezeugt. Vom spätromanischen *Bergfried* an der rechten Ecke des Nordflügels blieb nur ein in das Haus integrierter etwa 8 m hoher Stumpf. Neben ihm geht es hinab in das Hexenverlies und in den *Burgkeller* (heute ein Weinlokal).

Die größte ursprüngliche Substanz der Burg findet sich im Westflügel. Hier beginnt der *Rundgang durch die Innenräume*. Wenige Stufen führen hinab in die *Burgküche* (deutsche Schwarzküche, Bauzeit 1460/80). Es ist die größte noch erhaltene in Europa. Durch ihren 19 m hohen, offenen und stark rauchgeschwärzten Schlot,

◄ Blick auf Burg und Schloss Allstedt

WAS IST EINE SCHWARZE KÜCHE?

Das bedeutet nicht, dass man da schwarz, also unerlaubt gekocht hat. Nicht nur die hohe, breite Esse über dem Herd wurde rabenschwarz vom Rauch der offenen Kochfeuer, sondern fast die ganze Küche. Sie lag immer zu ebener Erde in einem Wirtschaftsbau neben dem Palas, das war am praktischsten. Deshalb war die Esse oft mehr als 20 Meter hoch, ihr Rauch musste ja über die Burgmauer abziehen können. Rings um den Herd standen die Köche und die Mägde. Sie schürten die Feuer, brieten, drehten die Fleischspieße, siedeten und sotten. Solche Küchen sind sehr beeindruckend: Riesige Kupferkessel, Pfannen, irdene Krüge in allen Größen, Beile, Messer … Das alles kann noch heute bewundert werden, z. B. auf Burg Falkenstein. In der Burg Allstedt steht die größte Schwarze Küche in ganz Europa! Nach „gebührender Voranmeldung" könnt ihr euch hier unter kundiger Anleitung in der mittelalterlichen Kochkunst üben.

die Architektur ihres Gewölbes und ihre historische Ausstattung vermittelt sie eine sehr anschauliche Vorstellung vom Leben in einer mittelalterlichen Burg. Auch die *Hofstube* neben der Küche befindet sich wieder weitgehend in dem Zustand, wie ihn die Soldaten und das Gesinde ab etwa 1512 nutzten. In der nördlichen Außenwand (15. Jh.) sind noch originale Hosenscharten sichtbar. Eine steile Treppe führt ins *Obergeschoss*. Im ersten Raum wird anhand von Dokumenten, Grafiken und Fotos die Baugeschichte von Burg und Schloss erläutert, in den weiteren barock geprägten Zimmern folgen spezifische Ausstellungen. Erinnert wird an die *Aufenthalte von Goethe*, der als weimarischer Staatsminister hier zwischen 1776 und 1782 oft weilte und hier auch Zeit und Muse fand, um u. a. an seiner „Iphigenie auf Tauris" zu arbeiten. Andere Räume (Kamin-, Audienzzimmer, Kabinett, Tafelgemach, diverse Kammern) zeigen – sparsam möbliert – zumeist Interieurs des Barock. Schön ist der Ausblick aus den Zimmern im Westflügel auf die Stadt und weit ins Umland, auf das Kyffhäusermassiv und die Region Südharz.

Im nördlichen Gang wird eine umfangreiche *Sammlung von Eisenkunstguss*, der einst im Harzvorland eine bedeutende Rolle spielte, gezeigt. Die Ausstellung zur *Geschichte Allstedts* ist in diesen Rundgang nicht günstig platziert, die gebotenen Informationen hätte man gern eher gehabt. Zwei große Räume im Ostflügel sind in Wort, Bild und Dokumenten *Thomas Müntzer* gewidmet. Eine Besonderheit ist die mächtige Ablasstruhe aus dem 14. Jh. (Umbau 1510). Die anschließende schlichte *Schlosskapelle* – hier hielt Müntzer die berühmte Fürstenpredigt – ist wie die gesamte Burg schon 1974 bis 1978 rekonstruiert und restauriert worden.

Die Räumlichkeiten – Hof der Kernburg, Burgküche, Hofstube, Schlosskapelle und Burgkeller – können auch für Trauungen und sonstige Feierlichkeiten genutzt werden.

Lage: A38, Abfahrt Allstedt; zur Stadt ca. 4 km. Die Burg liegt auf einem Bergrücken am nordöstlichen Stadtrand; Ausschilderung beachten.

Parken: unmittelbar an der Burg.

Tel.: (03 46 52) 5 19 • 67 04 18

www.schloss-allstedt.de

www.stadt-allstedt.de

www.allstedt.com (Heimatverein)

www.foerderkreis.allstedt.de

April–Okt. Di.–So. 10–17 Uhr,
Nov.–März Di.–Fr. 10–17.30 Uhr,
Sa./So. 13–17 Uhr.

Schlosscafé

Das Schlosscafé mit Kräuterlädchen und historischer Hofstube ist nur vom Burghof aus zu betreten.

Tel.: (03 46 52) 1 02 29

Di.–So. 11–18 Uhr

Ein *Rast- und Picknickplatz* (teilweise überdacht und mit weitem Ausblick über Allstedt und das Umland) befindet sich unmittelbar vor der westlichen Außenmauer am Fußweg zur Stadt.

EXTRATIPP: Wir wissen einiges über das Leben auf den mittelalterlichen Burgen. Aber unsere Kenntnisse beziehen sich zumeist auf die „edlen" Ritter und die „hohen" Frauen. Über den Alltag der Burgmannschaften ist wenig bekannt und so gut wie nichts über die Kinder, die auf den Burgen geboren wurden und hier heranwuchsen. Auf Burg Allstedt gibt es heute eine *Kinderresidenz*. Hier können Mädchen und Jungen erfahren, wie ihre Altersgenossen im Mittelalter lebten.

Pädagogisch einfühlsame Informationen sind das eine. Lebendiger Nachvollzug das andere: Feste in historischen Kostümen für Kinder ab vier Jahren stehen auf dem Programm. Dazu gehören u. a. gemeinsames Kochen in der Burgküche, in der Hofstube kann mit Federkiel und Tinte auf selbst geschöpftem Papier geschrieben werden, Wettkämpfe im Bogenschießen finden statt. Für obere Klassen werden u. a. Schulprojekttage zum Wirken Goethes und Thomas Müntzers in Allstedt angeboten. Im Märchenkino des Burgkellers (Hexenkeller) finden jeden Sonntag 16 Uhr Vorführungen statt. Freie Zeit für die Eltern, um sich in aller Ruhe in Burg und Museum umzuschauen.

Alle Veranstaltungen werden individuell organisiert. Beginn eines Schulprojekttages ca. 9.30 Uhr, Ende ca. 13.30 Uhr.

Organisatorische Fragen klärt das „Burgfräulein Felicitas von Allstedi".

Tel.: (0 34 64) 57 96 96

Mo. 8–12 Uhr

Die ehemalige Königspfalz Tilleda wurde teilweise rekonstruiert

▶ **ABSTECHER**
KÖNIGSPFALZ TILLEDA
★ **ENTDECKER-TIPP**

Tilleda war vom 9. bis zum 13. Jh. zeitweise Residenz der deutschen Herrscher. Heute ist die vollständig ergrabene und freigelegte Pfalz die einzige ihrer Art in Deutschland. Zur Veranschaulichung wurden in diesem weiträumigen Freilichtmuseum einige repräsentative Gebäude, Wohnhäuser, Wehranlagen und technische Einrichtungen rekonstruiert.

Bei *Führungen* (ca. 1 h) wird – je nach Interessenlage der Besucher – u. a. über die Geschichte der Ottonen, Frauenleben im Mittelalter oder Handwerkstechniken informiert.

Für Schüler aller Alterklassen gibt es ein umfangreiches *Lern- und Erlebnisangebot*. Es reicht von mittelalterlichen Spielen (Mannschafts-spiele nach historischen Regeln, Anfertigen von Jonglierbällen und Kegeln mit riesigen Holzkugeln, Schießen mit Pfeil und Bogen) bis zu Kochkursen, bei denen kleinere Mahlzeiten an offenen Feuern selbst zubereitet werden können. In der mittelalterlichen Schreibstube kann auf Wachstafeln und Birkenrinde das Schreiben mit dem Gänsekiel geübt werden. Kleinere Besucher können ihre Findigkeit auf dem „Ausgrabungsplatz für Kinder" erproben (Werkzeug gibt es an der Kasse).

Lage: Auf dem Pfingstberg am Fuß des Kyffhäusers, von Allstedt Richtung Sangerhausen, über die A 38, Abfahrt 15, Richtung Riednordhausen. Parken: kostenlos, am Aufgang zur Pfalz.

Tel.: (03 46 51) 9 02 68

www.pfalz-tilleda.de

April–Okt. tgl. 10–18 Uhr,
Nov.–März tgl. 10–16 Uhr

BURG QUERFURT

★ TOP-TIPP

In Deutschland ist er weniger bekannt. In Polen aber wird er verehrt. Alljährlich am 12. Juli gedenkt die katholische Kirche des hl. Brun von Querfurt in der Liturgie, und der Totenberg bei Gizycko (Masuren) ist ein Wallfahrtsort. Auf der Höhe des Berges steht das Brunokreuz. Es erinnert an den Märtyrertod des hl. Brun. Er und seine 18 Begleiter waren bei dem Versuch, die Pruzzen (Preußen) zu christianisieren, am 9. März 1009 im Grenzland zwischen dem heutigen Polen, Litauen und Russland erschlagen worden. Auf der Burg Querfurt, hier wurde Brun um 974 geboren, wird auch der friedensstiftenden Rolle Bruns gedacht, der nicht nur Missionar und – im Auftrag des Papstes Silvester II. – „Erzbischof der Völker", sondern auch Chronist war. Gizycko und der Saalekreis sind heute durch einen Partnerschaftsvertrag verbunden.

KURZE GESCHICHTE DER BURG

Wie viele Burgen und Orte im Land sind auch Curnfurth und die Curnfurdeburg erstmals im Hersfelder Zehntverzeichnis gegen Ende des 9. Jh. erwähnt worden. 979 wurde die größte und mächtigste Adelsburg im weiten Umkreis Quern-

Burg Querfurt mit Dickem Heinrich, Marterturm und Pariser Turm (v. l.)

mordiburch genannt. Schon früher hatte am Quernebach und an der wichtigen West-Ost-Handelsstraße eine Volks- und Fluchtburg, dann ein karolingischer Militärstützpunkt gelegen. Die Burg war Stammsitz der Edlen Herren von Querfurt (nobiles de Quernforde), deren Ahnherr vermutlich mit König Heinrich I. verwandt war, zu deren Familie der hl. Brun zählte und die mit Lothar III. sogar einen deutschen König und Kaiser stellte. In den rund 500 Jahren unter den „Edlen Herren" (das Geschlecht starb 1496 aus) entstanden alle wesentlichen Bauten der Burg: die Kirche, die Türme, die Mauern und Bastionen, auch die Stadt Querfurt mit starken inneren und äußeren Mauern.

Ab 1496 unterstand die Burg als erledigtes Lehen dem Erzbistum, dann dem Erzstift Magdeburg. Von dort kam sie, noch vor dem Ende des Dreißigjährigen Krieges (1635 Prager Separatfrieden), an Kursachsen. Doch zunächst nur auf dem Papier, denn die schwedische Besatzung blieb bis 1650 auf der Burg und im Querfurter Land. In diesem Krieg war die Burg, obwohl mehrmals belagert, beschossen und besetzt, weniger als andere im Land zerstört worden. Ab 1663 stand sie dem Duodezherzogtum Sachsen-Weißenfels-Querfurt als repräsentative Residenz zur Verfügung. Schon 1746 fiel das „Ländchen"

an Kursachsen zurück und wurde 1815 – wie große Teile Sachsens – der preußischen Provinz Sachsen zugeschlagen. Die üblichen Nutzungen folgten: Domäne, Verwaltungssitz von Provinzbehörden (bis 1936). Nach 1945 wohnten Flüchtlinge und Vertriebene auf der Burg, auch eine Poliklinik lag hier. Erst Anfang der 70er Jahre des 20. Jh. kam es zu Bausicherungsmaßnahmen. Heute ist die Burg Querfurt ein kulturelles Zentrum der Region.

RUNDGANG

Die Burg liegt mit ihrer Süd- und Westflanke unterhalb einer Hochfläche in einer Geländevertiefung. Das hatte Vorteile: Sie war von Gegnern, die aus diesen Richtungen vordrangen, so schnell nicht auszumachen, aber einmal entdeckt, war sie weit mehr gefährdet als andere Niederungsburgen. Ihre besondere Lage erforderte daher ungewöhnlich starke Mauern und Wehranlagen.

Heute kann die Burg von zwei Seiten betreten werden. Dem Parkplatz am nächsten liegt das *Südtor*, es ist seit 1894 Haupteingang, und dieser Weg empfiehlt sich. Noch vor dem Tor liegt das gewaltige *Südrondell*. Die größte der noch vorhandenen drei Kanonenbastionen wurde zwischen 1450 und 1470 vor die äußere Ringmauer auf den hier anstehen-

▶ Das trutzige Südrondell

den Muschelkalkfelsen gesetzt. Der Bau des Südrondells war aufgrund der Entwicklung des Geschützwesens notwendig geworden. Es besitzt mehrere Wehrgeschosse, ein unterirdischer Gang verbindet es mit der Kernburg. Von der Plattform aus konnte das Vorgelände überschaut und beschossen werden, ebenso der Zwinger zwischen äußerer und innerer Ringmauer. Entsprechende Schießscharten für viele Kaliber sicherten die Funktion des Rondells als Streichwehr. Rechts hinter dem Torhaus liegt das *Pächterhaus* (19./20. Jh.), an das sich alte, aber oftmals veränderte Wirtschaftsbauten (Scheunen) anschließen. Gegenüber „thront" das *Käsehäuschen* von 1754. Zu Füßen dieses

schlichten Wirtschaftsbaus, unmittelbar vor dem ehemaligen Brauhaus, liegt der *Burgbrunnen*. Er war über Jahrhunderte die einzige Wasserquelle für die vielhundertköpfige Burgmannschaft und alles Vieh innerhalb der Mauern. 1945 verfüllt, aber 1973–2000 wieder freigelegt, beträgt seine Tiefe heute 33 m. Im Zentrum der Kernburg steht die *Burgkirche*. Sie entstand um 1175, es wurden aber noch ältere Fundamente ergraben. Wesentliche Teile der Architektur sind rein romanisch, so der Chor mit drei Apsiden, der achteckige Vierungsturm und die Pfeilerarkade der Westempore. Umbauten und Ausgestaltungen späterer Zeit erfolgten im Stil der Gotik, vor allem des Barock. Sehenswert

Die Westtoranlage der Burg Querfurt

DAS KREISBAUERNMUSEUM

Vor der Südfront liegt die *Alte Burgschäferei*, das heutige Kreisbauernmuseum. Im Zentrum stehen in einer Freilichtausstellung, aber auch in den Innenräumen bäuerliche Gerätschaften aus mehreren Jahrhunderten, dazu kommen Werkstätten (Schmiede, Stellmacherei, Sattlerei). Es gibt (für die Väter) die Gelegenheit, einen Traktor zu fahren, Kinder können Haustiere näher kennenlernen (Streichelzoo) und sich in der historischen Küche im Kochen üben.

August-Bebel-Straße 1, 06268 Querfurt

Tel.: (03 47 71) 4 08 26 • www.saalekreis.de

Mai–Okt. Di.–Fr. 10–17 Uhr, Sa./So. 12–18 Uhr, Führungen nach Voranmeldung

ist die Grabkapelle für Gebhard XIV. v. Querfurt. Auf der Tumba ist der Graf in voller Rüstung dargestellt. Heute finden in der Kirche Konzerte und Veranstaltungen, aber auch Gottesdienste und kirchliche Trauungen statt (standesamtliche Trauungen im Korn- und Rüsthaus).

Drei Türme haben sich erhalten. Der *Dicker Heinrich* genannte runde Turm ist ein echter Bergfried. Er entstand – wie die Kirche – in der 2. Hälfte des 12. Jh. (Höhe 27,5 m, Durchmesser 14,5 m, Mauerstärke unten 4,35 m!). Dem quadratischen *Marterturm* (Ende 12. Jh.) ist anzusehen, dass er ursprünglich nur halb so hoch war (heute 33 m). Auf seinen Zinnen (teilweise noch sichtbar) hat man im 14. Jh. weiter aufgebaut. Der ursprüngliche Wohnturm war so ein Wehrturm geworden, der auch als Gefängnis diente. An der Nordflanke sicherte der quadratische *Hausmannsturm* (14. Jh., welsche Hau-

be 17. Jh.) die Nordflanke. Er trägt unter seiner Haube eine Aussichts-Plattform und wird seit Langem auch *Pariser Turm* genannt, warum ist unklar. Vermutlich liegt die falsche Schreibweise eines Chronisten zugrunde, es sollte wohl Paradiesturm heißen.

Zu weiteren historischen Bauten zählt das *Fürstenhaus* neben der Burgkirche. Der romanische Palas wurde 1528 erweitert und im 16., 17. und 18. Jh. tiefgreifend verändert (heute Restaurant). Im Keller befinden sich noch Mauern, Gewölbe und ein Kamin aus dem 12. Jh. Größtes Gebäude ist das *Korn- und Rüsthaus*. Es wurde 1535 über den Gewölben eines Torbaues und Wohnbauten des 10. und 11. Jh. errichtet und später mehrfach erweitert. Hier ist seit etwa 50 Jahren das *Burgmuseum* mit seinen Sammlungen untergebracht. In Dauerausstellungen wird über Leben und Werk der bedeutenden Querfurter

WARUM HATTEN DIE RITTER MEIST NUR EINEN VORNAMEN?

Im frühen Mittelalter, als das Rittertum eben aufgekommen war, trugen die Ritter nur einen Vornamen. Wenn sie für ihre Verdienste im Kampf für ihren Herren, oft war es der König, ein Lehen erhalten hatten, also Land und das Recht, sich einen festen Wohnsitz zu bauen, fügten sie den Namen der Burg an, die ihnen gehörte. Wenn der Ritter Engino hieß, dann nannte er sich zum Beispiel Engino von der Konradsburg. Da wusste jeder fremde Ritter, wen er vor sich hatte. Außerdem sah man diese Herkunft am Wappen auf dem Schild des Engino. Wechselte der Besitz, dann wechselte häufig auch der Namenszusatz.

Andere erwarben sich durch Tüchtigkeit einen Zusatz zu ihrem Namen. Albrecht von Ballenstedt, der Gründer der Mark Brandenburg, hieß schon zu Lebzeiten nur Albrecht der Bär.

Das „von" war über Jahrhunderte der Ausweis von adliger Abkunft und Tapferkeit vorm Feind. Später wurde das „von" vom König oder Kaiser auch an andere Menschen verliehen, zum Beispiel an Kaufleute, Hofbeamte und manchmal an Dichter.

Johannes Schlaf (Dichter) und Hans Schomburgk (Afrikaforscher) informiert. Mehrere Räume bieten gotische sakrale Plastik, klösterliche Kunst der Region sowie flämische Landschafts- und Genremalerei des 17. und 18. Jh. Dazu kommen Präsentationen zeitgenössischer Kunst und Sonderausstellungen.

Andere Bauten der Burg – das *Amtshaus* (1797) und die *Streichwehr Merseburg* (1662/65) an der Nordseite – sind heute Verwaltungssitz bzw. wurden zu Ferienwohnungen ausgestaltet.

Das späte Mittelalter wird noch einmal an der *Westtoranlage* (1385/1479) lebendig. Hier lag zwischen den bis zu 10 m starken Mauern der Haupteingang zur Burg. Die Fortifikation ist teilweise begehbar; Schießscharten für alle Kaliber zeugen von der hohen Wehrhaftigkeit auch an der Westseite. In ihren Kasematten sind großkalibrige Geschützrohre (16. Jh.) ausgestellt.

In der warmen Jahreszeit lohnt ein Besuch des *Burggartens* hinter der Brücke. Hier kann man auch in den bis zu 11 m breiten Zwinger zwischen den südlichen Ringmauern hinuntergehen und in ihm bis zur Südbastion vor dem Parkplatz. Es lohnt aber, auf dem Weg weiterzugehen und die gesamte Burg zu umrunden. Dabei kommt man an den beiden anderen noch erhaltenen Bastionen vorbei, am Südost- und am Nordostrondell. Beide entstanden zwischen 1460 und 1480. Sie

Wappen Kardinal Albrechts am Westtor

dienten der Sicherung der Stadtseite, haben außerordentlich starke Mauern (bis zu 3,2 m) und mehrere Schießebenen, in denen noch
viele Formen spätmittelalterlicher
Schießscharten – u. a. Hosen-,
Schlitz- und Maulscharten – zu sehen sind. Auf diesem Weg bekommt
man auch einen Eindruck von der
enormen Höhe der äußeren und inneren Mauern (bis zu 10 m).
Lage: A 38, Abfahrt 19, ca. 6 km bis
Querfurt, die Burg liegt am Westrand
der Stadt. Parken: an der Burg (Südtor).
Tel.: (03 47 71) 5 21 90
www.museum-burg-querfurt.de
Tel.: (03 47 71) 17 00 65 (Burgtöpferei:
Verkauf und Töpferkurse)
Tel.: (03 47 71) 5 78 39 39 (Historische
Kostümwerkstatt)

Tel.: (03 47 71) 5 21 90 (Informations-
zentrum und Museumsshop)
www.dohlenblut.de
Tgl. 9–18 Uhr, Nov.–April 9–16 Uhr
Führungen durch das Burgareal (Burg-
kirche, Kellergewölbe, unterirdische
Gänge, Besteigung des Pariser Turms).
Voranmeldung erforderlich.
Trauungen auf Burg Querfurt
Standesamt Querfurt
Tel.: (03 47 71) 60 10
Fürstenhaus Burgring
Das Fürstenhaus der Burg Querfurt
dient heute gastronomischen Zwecken.
Im Café-Salon können die Gäste auch
zum Sonntagsbrunch einkehren, der
Fürstenkeller bietet die ideale Kulisse für
mittelalterliche Gelage oder Weinfeste.
Tel.: (03 47 71) 52 40
info@burg-querfurt.com
www.burg-querfurt.com
Museumscafé
Tel.: (03 47 71) 52 19 21
Di.–Fr. 12–17 Uhr

EXTRATIPP: Das Museum der
Burg Querfurt bietet Kindern bis zu
12 Jahren etliche Attraktionen. Es
gibt Kindergeburtstagsfeiern in mittelalterlichen Kostümen (im Winter
in den nun beheizbaren mittelalterlichen Gewölben des Kornhauses). Je
nach Altersgruppe werden Burgführungen angeboten und auch allerlei
„Allotria". Dazu gehören „Reiterturn-
niere" auf Steckenpferden, Kämpfe
mit (Plastik)-Degen und anderes, bei
dem sich Kinder austoben können.

BURG UND SCHLOSS BERNBURG

Im Jahr 1510 erschien in Straßburg ein Buch, das die Herzen der Leser im Sturm eroberte und seit dieser Zeit immer wieder aufgelegt wird: „Ein kurtzweilig lesen von Dyl Ulenspiegel, geborn uß dem land Brunßwiek. Wie er sein Leben vollbracht hat". Das Buch enthält 96 „Historien" über den weltbekannten Schelm, der 1300 bis 1350 gelebt haben soll.

In der 21. Geschichte wird erzählt, wie Till Eulenspiegel im Dienst des Grafen von Anhalt-Bernburg stand, wie er als Türmer Ausschau nach dem Feinde halten sollte, diese Aufgabe aber nach seiner eigenen Art erfüllte und sich mit List eine gute Mahlzeit an der Tafel erschlich.

Diese Episode aus dem Leben des Volksnarren und Possenreißers wird

auch in Bernburg seit Jahrhunderten geliebt. Der Bergfried, auf dem der Mann, der allen den Spiegel vorhielt, seinen Dienst versah, trägt bereits seit 1640 den Namen Eulenspiegelturm.

KURZE GESCHICHTE VON BURG UND SCHLOSS

Bernburg taucht unter dem Namen Brandanburg 961 in der geschriebenen Geschichte auf. Damals schenkte Otto I. die Burg und die dazugehörende Siedlung dem Moritzkloster in Magdeburg. Die Bernburg war im 1. Drittel des 12. Jh. Witwensitz der Gräfin Eilika, der Mutter Albrechts von Ballenstedt, er wurde später Albrecht der Bär genannt und ist der Gründer der Mark Brandenburg. Sachsen-Anhalt führt aus gutem Grund einen Bären im Wappen.

Die Bernburg wurde bei einer Adelsfehde 1138 zerstört, Albrecht der Bär ließ sie um 1150 wiedererrichten. Aus dieser Zeit stammt der Bergfried, stammen Umfassungsmauern, die zum Teil noch erhalten sind.

Als 1468 Fürst Bernhard VI. starb, erlosch die alte Bernburger Linie, ihr Besitz fiel an das Haus Anhalt. Fürst Wolfgang, der seine Zerbster Landesteile gegen das Land Bernburg eingetauscht hatte, war der Erste, der die Burg ab 1538 zu einem Schloss umbauen ließ, auch seine Nachfolger bauten. Das bedeutete: weiterer Rückbau der ursprünglichen Anlagen, Aufbau eines Renaissance-Ensembles, das später noch barocke Ergänzungen erfahren hat. Mit Carl Alexander starb 1863 der letzte Herzog von Anhalt-Bernburg, das Schloss ging in Staatsbesitz über. Im 20. Jh. tat sich nicht viel auf dem Schlossberg. Seit 2004 jedoch werden die Gebäude restauriert, die Spuren jahrzehntelanger

Blick auf Burg und Schloss Bernburg von der Saaleseite

Die Bärenanlage im Zwinger der Burg

Vernachlässigung sind weitgehend getilgt.

RUNDGANG

Schloss Bernburg ist nach allgemeiner Überzeugung der schönste unter den anhaltischen Adelssitzen, die „Krone Anhalts". Bereits das Panorama, das sich von der *Saalepromenade* links und rechts des Flusses bietet, beeindruckt außerordentlich. Ein starkes Stützmauernsystem sichert die zahlreichen Gebäude an der steilen Kante des Hanges. Zwischen ihnen führt eine Treppe auf die Höhe. Am Ende dieser Schlossstiege liegt die *Bärenanlage*. Sachsen-Anhalts Wappentier wird hier seit dem Jahr 1860 gehalten. Heute leben die braunen Riesen artgerecht, und sie werden geliebt – von den Bernburgern und den Touristen.

Den Schlosshof betritt man durch ein prachtvolles Barockportal, links davon liegt der *Blaue Turm* (13. Jh., frühgotisch), an ihn schließt sich das *Gotische Haus* an, hinter ihm fallen das *Krumme Haus* (14./15. Jh.) und die Reste der *Burgkapelle* (12. Jh.) ins Auge. Das Panorama aber bestimmen die Schlossbauten des 16. und 17. Jh., bestimmt die „Schauseite" im Süden. Sie wurde von bedeutenden Architekten errichtet, unter anderem von Nickel Hoffmann aus Halle. Die Bauten tragen – je nach Entstehungszeit und Auftraggeber – die Namen anhaltinischer Fürsten.

Der Burgenfreund wird sich vor allem für den *Bergfried* interessieren. Er wurde um 1150 äußerst wehrhaft erbaut und ist ca. 44 m hoch (einschließlich des ziegelgedeckten Kegeldaches und der Wetterfahne mit dem Bären Sachsen-Anhalts). Ursprünglich war er etwas niedriger, die Erker sind eine Zutat der Renaissance. Halt gibt ihm ein mächtiges Fundament aus Findlingen. Mauerstärke im unteren Bereich 3,60 m, zwei Steinringe (Schalenbauweise) sind mit vermörtelten Bruchsteinen gefüllt. In den vergangenen Jahrhunderten hat der Berg „gearbeitet"; der Turm neigt sich heute ganz leicht nach Nordwesten. Ursprünglich lag der Eingang in 14 m Höhe, hier setzt die *Schwarze Brücke* an. Auf ihr schritten 1641 – mitten im Dreißigjährigen Krieg – hohe kaiserliche Offiziere, nach „gehalte-

nem Gespräch" mit dem Fürsten, vom Joachim-Ernst-Bau (1567/70) auf den „Eulenspiegel", um nach dem Feind zu schauen. In dieser Höhe wurde auch ein Kuppelsaal eingebaut, in dem heute gelegentlich Ausstellungen gezeigt werden. 145 Treppen führen auf den Bergfried. Im westlichen Erker sitzt eine lebensgroße Figur des Till. Elektronisch gesteuert und gestenreich erzählt der Narr seine Bernburger Posse in diesem „weltgrößten Eulenspiegeldenkmal". Zu den Bernburger Merkwürdigkeiten zählt der alljährliche Karnevals-Klamauk am 11. November, um 11.11 Uhr. Da wird Eulenspiegel aus dem Turm befreit und im Triumph herumgeführt.

Das *Museum* neben dem Blauen Turm sollte der Burgenfreund unbedingt besuchen: Im Keller-

---

AUSFLUGSZIELE IN BERNBURG

Die Stadt besitzt seit 100 Jahren einen *Tiergarten* (500 Tiere aus 5 Kontinenten) Er liegt am linken Ufer der Saale und ist vom Schloss aus in wenigen Minuten mit der Fähre zu erreichen. An der Saalepromenade liegt der *Märchengarten Paradies*. Hier werden in Hütten elf grimmsche Märchen von sprechenden und elektronisch gesteuerten Figuren erzählt. Tiergarten und Märchengarten sind Haltepunkte der *Parkeisenbahn*, die das Bernburger Naherholungsgebiet Krumbholz durchfährt. Am Ende der Promenade, 200 m stromaufwärts von der Fähre und dem Steg des *Ausflugsdampfers MS Saalefee*, liegt *Bernburgs ältestes Ausflugslokal*. Das „Reimanns" bietet vielerlei zu familienfreundlichen Preisen. Die Aussicht auf das Panorama von Schloss und Burg gibt es gratis.
Stadtinformation Bernburg
Lindenplatz 9, 06406 Bernburg (Saale)
Tel.: (0 34 71) 3 46 93 11 • www.bernburger-freizeit.de
Mo.–Fr. 9–18 Uhr, Sa. 9–14 Uhr

Der Eulenspiegelturm

geschoss haben sich Mauern des 12. Jh. erhalten, sie gehören zum Teil zur ehemaligen Burgkapelle St. Pankratius. Vor ihnen werden mittelalterliche Bauplastiken, vor allem aber Foltergeräte gezeigt – von der Daumenschraube bis zur Streckbank. Im Obergeschoss sieht man u. a. Möbel, Münzen des Fürstentums und viel zur Geschichte der Mühlen im Bernburger Land. Die *Mineraliensammlung* im Johann-Georgen-Bau (1586) präsentiert 180 Stücke von 240 Fundstellen im Harz.

Schlossstraße 24,

06406 Bernburg (Saale)

Lage: An der B 71 zwischen Könnern und Magdeburg bzw. A 14, Abfahrten 10 oder 12. Parken: am Fuß des Schloss-

berges in der Oberstadt und (begrenzt auf 3 Stunden) unmittelbar auf dem Schlosshof.

Tel.: (0 34 71) 62 50 07

www.museumschlossbernburg.de

Eulenspiegelturm und Museum

April–Okt. Di.–So. 10–17 Uhr,

Nov.–März 10–16 Uhr,

Feiertage 10–13 Uhr

Café und Restaurant „Schlossidylle"

In der Baulücke zwischen dem Johann-Georgen-Bau und den Resten der ehemaligen Burgkapelle liegt eine Freifläche, die bis an die Brüstungsmauer heranreicht und einen romantischen Blick auf die Saale ermöglicht. Ein Teil davon ist die Terrasse der „Schlossidylle", dem Café und Restaurant auf Schloss Bernburg.

Tel.: (0 34 71) 37 00 43

Jan.–März Di.–So. 12–24 Uhr,

April–Dez. tgl. 11–24 Uhr

EXTRATIPP: Das Museum ist bekannt für seine umfangreiche Arbeit mit Kindern und Jugendlichen. Rund um das Jahr finden Veranstaltungen zu Themen wie „Das Leben auf mittelalterlichen Burgen", „So lebten die Ritter" oder „Das Leben der Gaukler" statt. Alle Veranstaltungen sind zum Mitmachen, Nachmachen und Selbermachen konzipiert. Dazu kommen Projekttage, Ferienspiele und die Arbeit des Kinderklubs. Natürlich ist Till Eulenspiegel überall dabei.

Tel.: (0 34 71) 62 38 54

BURG UND SCHLOSS SEEBURG

Im Frankenreich hat es berühmte Geschichtsschreiber gegeben. Ihre Namen sind nicht immer überliefert. In den um 805/806 n. Chr. aufgezeichneten Metzer Annalen, die Begebenheiten aus dem Leben Karls des Großen festhalten, erwähnt einer der Verfasser die „Hochseeburg" der Sachsen. Er nennt dabei das Jahr 743. Karlmann I., der Sohn Karl Martells, eroberte in diesem Jahr bei einem Kriegszug nach Sachsen die „Hoohseoburg".

Doch wieso heißt es Hochseeburg? Der heutige Süße See war einst breiter, die Bäche, die durch den See Richtung Saale fließen, führten mehr Wasser als heute. Lag die Seeburg also hoch über dem See? Höher als heute? Wohl kaum. Vielleicht ist es so: Die Chronisten wollten die Burg „erhöhen", ihren besonderen Wert hervorheben und damit die Feldherrnkunst Karlmanns. Bisher ist trotz intensiver Forschung nicht erwiesen, dass die von Karlmann eroberte Burg mit der Seeburg identisch ist. Wenn sich das sicher belegen ließe, dann wäre die Seeburg die älteste Burg in Sachsen-Anhalt.

Blick über den Süßen See zur Seeburg

KURZE GESCHICHTE DER BURG

Sicher ist, auf dem Seeburger Schlossberg, einem etwas höheren Hügel östlich der Burg, lag schon im frühen Mittelalter eine große Flucht- und Volksburg. Sie bestand aus Wällen, Gräben und Palisaden. Die Bewohner der umliegenden Siedlungen waren Ende des 9. Jh. dem Kloster Hersfeld tributpflichtig. Erst mit der Nennung in diesem Zehntverzeichnis haben wir eine sichere Quelle für die Seeburg am Süßen See („süß" nennt man den See erst seit dem 19. Jh., damals entstanden durch den Kalibergbau die kleineren „salzigen" Seen südöstlich des großen Sees). Für den Bau einer steinernen Burg anfangs des 10. Jh. wurde ein besser zu verteidigender Platz gewählt: die Halbinsel des Sees. Als Gründer gilt Christian von Querfurt, der 1036 die Burg in Besitz nahm und sich als Erster Graf von Seeburg nannte. Unter ihm begannen die Arbeiten, seine Söhne und Enkel setzten sie fort. Bedeutendster Mann und auch Bauherr dieses Geschlechts war Wichmann von Seeburg-Querfurt, Erzbischof von Magdeburg, der 1170/80 die Burg noch einmal erweiterte und ihre Wehrhaftigkeit erhöhte. In dieser Zeit entstanden u. a. weitere Mauern und die Kapelle des Kollegiatsstiftes, von der sich ein Rest bis heute erhalten hat. 1287 kam die Seeburg unter die Herrschaft der Mansfelder Grafen. Unter ihnen gewann die Burg Schritt für Schritt den Charakter eines Schlosses. Da die Mansfelder sich im Laufe der Zeit schwer verschuldet hatten, waren sie 1574 gezwungen, die Seeburg an die Grafen von Hahn zu verkaufen. Diese setzten den Umbau zu einem Schloss fort. Mit dem Niedergang des Geschlechts der Hahns begann ab 1783 der Verfall der Anlagen. Auch den späteren Besitzern, den Herren von Geusa und den Grafen von Ingenheim, standen die notwendigen Mittel nicht mehr zur Verfügung, um grundsätzlich etwas dagegen zu unternehmen. Ebenso wenig konnte die Familie von Wendenburg, die bis 1945 Eigentümer der Seeburg war, den Besitz im Ganzen erhalten. In der DDR waren die Gebäude u. a. Lehrlingswohnheim und Betriebsberufsschule. Nach 1989 war die Gemeinde Seeburg Eigentümerin. Sie verkaufte die Burg an Investoren, die 1999 mit der Sanierung begannen und einen Teil der Anlagen zu einem Hotel ausgebaut haben.

RUNDGANG

Der Weg von den Parkplätzen führt direkt zur *Toreinfahrt*. Sie wirkt altehrwürdig, ist es aber nur zum Teil. 1830 wurde hier die Mauer des *Blauen Gebäudes*, eines inneren Torhauses (12. Jh.), durchbrochen, um einen bequemeren Zugang zum unteren Burghof zu schaffen. Ur-

Der Witwen- oder Rote Turm der Seeburg

sprünglich verlief hier die 2. (innere) Ringmauer. Vom Blauen Gebäude sind nur Teile des Untergeschosses erhalten. Die Inschrift über dem Tor bezieht sich auf den Bau des Herrenhauses (Neues Haus) 1695. Sie lautet: „Erhalt, o starker Gott, diss Haus in deinen Gnaden, / In Seegen frid und ruh bey deinem Reinen Wortt, / und lasse nimmermehr, betreffen dissen Ortt, / Aufruhr undt ketzerey, Krieg, Kranckheit, fewerschaden".

Die Reihenfolge der in der vierten Zeile aufgeführten Schrecken ist bezeichnend für den Geist des Adels dieser Zeit. Nichts war so sehr gefürchtet, wie ein Aufruhr der leibeigenen Bauern und die damit verbundene Gottlosigkeit, sprich Ketzerei.

Die innere Burgmauer zog sich nach links bis zur *Torburg* (15. Jh.) und Richtung Westen bis zum Witwenturm. Vor den östlichen Mauern und Bastionen lag ein tiefer Halsgraben, der 1930 verfüllt wurde. An der Torburg sind noch Auflagen einer Zugbrücke zu erkennen. Hinter ihr – vorbei an den Mauern der Schlosskirche – kommt man zum *Witwen- oder Roten Turm*. Er wurde Mitte des 15. Jh. auf den Fundamenten eines Wehrturmes aus dem 12. Jh. errichtet (Mauerstärke 4,10 m) Seine romanischen Fundamente sind hier an der Seeseite noch gut sichtbar. Dieser Turm (Durchmesser ca. 16 m) diente ebenfalls der Verteidigung, wurde aber um 1500 zu einem Wohnturm umge-

103

baut. In ihm lebten die Witwen der Mansfelder Grafen. Aus dieser Zeit stammen die Wohnerker, die Licht in die sonst dunklen Räume brachten. Heute wird der Turm als Hotel genutzt. Das schöne Sterngewölbe ist jetzt „Trauzimmer", denn auch ein Standesamt ist eingezogen.

Der Rundgang führt zurück durch die Torburg und die Einfahrt in den *unteren Burghof*. Links liegt die *Schlosskirche*. Sie entstand in einem an den Witwenturm anschließenden Wohnhaus, das später entkernt wurde, um die Kirche unterzubringen. In der 200 m² großen Halle gibt es eine Sehenswürdigkeit: Das Epitaph der Hedwig von Hahn (1671). Im Marmor erscheinen nicht nur die mit 32 Jahren Verstorbene und der kreuztragende Christus, sondern auch ihre 13 Kinder, Graf Hahn sowie mehrere Vorfahren. Die Kirche gehört, wie der *Schlossgarten* hinter dem Witwenturm, ebenfalls zum Hotelbetrieb (mit Gartengaststätte und -café) Vom Schlossgarten aus hat man einen schönen Ausblick auf den Süßen See, das mit 2,7 km² größte Gewässer im Mansfelder Land.

An der rechten Seite der Unterburg verläuft eine hohe Mauer, die *3. innere Wehrmauer*, nach Westen. An ihrem Ende hat sich ein kleiner *Wehrturm* zur Sicherung der Kernburg erhalten, sein unteres Drittel zeigt Bausubstanz des 11. Jh.; in ihm wurden Ferienwohnungen ausgebaut. Von

hier aus hat man die Reste der *Kapelle* (Apsis) des Kollegiatsstiftes Seeburg im Blick. Sie wurde 1170 auf Anregung des Erzbischofs Wichmann gebaut. Er gründete das Stift am Westende der Halbinsel (außerhalb der Burg) und stattete es als Pfründe mit zehntpflichtigen Dörfern am See aus. Lange hatte es keinen Bestand, ein Nachfolger Wichmanns, Erzbischof Albrecht II., verlegte es bereits 1211 nach Magdeburg.

Hinter der Tordurchfahrt zwischen der Kapelle und einem sanierten Wirtschaftsgebäude (19. Jh.) liegen die Wirtschaftsgebäude des ehemaligen volkeigenen Gutes, der linke Flügel wird teilweise noch bewohnt. Die *Kernburg*, der obere Burghof, kann nur im Rahmen einer Führung durch den *Neuen Torbau* (19. Jh.) betreten werden. Links liegt das *Neue Haus* (das Herrenhaus von 1695). Es enthält 65 Zimmer, 42 davon waren beheizbar. Heute ist es stark sanierungsbedürftig und kann nicht betreten werden. Zu sehen sind noch wenige alte Fensterwandungen und ein Mansfelder Wappen. Hinter ihm erhebt sich der runde *Bergfried*. Errichtet Ende des 11. Jh. war er wohl der mächtigste seiner Art im Mansfelder Land. Mit einer Höhe von 30 m und einer Mauerstärke von 6 m – sie ist einmalig in Sachsen-Anhalt – war er zu seiner Zeit unangreifbar. Kein Rammbock, kein Mauerbrecher hätte ihn zum Einsturz

WEIN VON DER SEEBURGER HIMMELSHÖHE

Im Wirtschaftsgebäude gegenüber der Kapelle des Kollegiatsstiftes bietet das Weingut „Schloss Seeburg" gute Tropfen an. Präsentiert werden sieben Weine, darunter frische Grüne Silvaner, Portugieser und ein zartblumiger Weißherbst, gewachsen auf Lagen an der Weinstraße Mansfelder Seen und im eigenen Keller ausgebaut. Am Wochenende gibt es zudem wechselnde Gerichte.

Weingut Schloss Seeburg
Schlossstraße, 06317 Seeburg
Tel.: (03 45) 5 22 21 64 • (01 78) 3 48 55 81
www.weingut-schloss-seeburg.de
Mo.–Fr. 13–14 Uhr, So. 14–17 Uhr

bringen, keine Unterminierung hätte Erfolg haben können. Es hat auch niemand versucht. 6 m Mauerstärke bei einem Turmdurchmesser von 15 m, das ergab einen Innenraum von kaum 3 m Durchmesser. Es fiel nicht ins Gewicht, denn unten lag – wie überall – das Verlies. Nach oben nimmt die Wandstärke in Stufen ab, ganz oben beträgt sie nur noch 1,20 m. Der Bergfried kann zurzeit nicht bestiegen werden.

Der *Rittersaal* (1515–1518) schließt unmittelbar in südlicher Richtung an den Bergfried an. Er steht auf den Fundamenten des Palas (Ende 11. Jh.). Auch er ist sanierungsbedürftig und nur über einen Bau des frühen 20. Jh. zu erreichen. Hier können die originalen, gut erhaltenen Renaissance-Fensterwandungen hallischer Baumeister bewundert werden. Sie wirken wie Türwandungen, aber der vor ihnen liegende Gang und die Arkaden unter ihm sind erst später vorgebaut worden.

Lage: Am Nordwestrand des Ortes Seeburg, an der B80 in der Mitte zwischen Halle und Lutherstadt Eisleben (je 13 km). Parken: unmittelbar am See.
Tel.: (03 47 74) 9 04 00 (Herr Keitel)
Die Außenanlagen der Unteren Burg (bis auf den Schlossgarten) können jederzeit betreten werden. Führungen durch das Gelände (einschließlich Schlosskirche, Oberer Burghof und Rittersaal)
April–Mai, Sept.–Okt. So./Feiertage 15 Uhr, Juni–Aug. Sa./So. 15 Uhr oder nach Vereinbarung
Trauungen auf der Seeburg
Standesamt
Tel.: (03 47 74) 4 44 37
www.seegebiet-mansfelder-land.de
Schloss Café
www. seehaus-seeburg.de
Di.–Fr. ab 14 Uhr, Sa./So., Feiertage ab 11 Uhr
Ferienwohnungen Schloss Seeburg
Schlossstraße 18, 06317 Seeburg
Tel.: (03 47 74) 7 08 68
info@seeburg-schloss.de
www.seeburg-schloss.de

BURG WETTIN

Die „Fürstenstraße der Wettiner" führt über ca. 3.300 km auf fünf Routen durch Sachsen-Anhalt, Brandenburg, Sachsen, Thüringen und Bayern. Allein die Hauptroute (1.206 km!) führt in 69 Orte, zu Burgen, Schlössern, zu Kirchen und Klöstern. Sie beginnt in Bayreuth und endet auf dem Königstein, der stärksten Festung der Wettiner, in der Sächsischen Schweiz. Wettin wird auf der Hauptroute nicht einmal berührt. Die Saalestadt ist Ausgangspunkt der Nordroute, die auch nach Guben/Gubin, führt, der neben Görlitz/Zgorzelec einzigen Station in Polen. Sie müsste weiterführen, wenigstens bis Krakau und auch nach Warschau, nach Wilanów – schließlich war Kurfürst August der Starke, einer der berühmtesten Wettiner, auch König von Polen und Litauen.

Von der Burg Wettin aus trat die später weitverzweigte Familie, die sich nach ihrem Stammsitz nannte, ihren Siegeszug an. Sie war und ist versippt, verschwägert mit fast allen Adelshäusern Deutschlands und wohl ganz Europas. Vom Glanz dieses Hauses ist auf dem Felsen über der Saale nicht mehr viel zu sehen. Die Erinnerung aber ist lebendig.

KURZE GESCHICHTE DER BURG

Vermutlich bestand die Wehranlage auf dem etwa 50 m hohen lang-

Burg Wettin, der Stammsitz des gleichnamigen Geschlechts

gestreckten Felsen (500 x 100 m) bereits im 9. Jh. als slawischer Burgward (Reste der typischen Wälle sind nachgewiesen worden). Im Zuge der Ostexpansion war er von den vordringenden Karolingern übernommen und später an die verbündeten Sachsen übergeben worden. Sie haben diesen Besitz als Erste ausgebaut und ertragreich gemacht. Sonst hätte Kaiser Otto I. 961 Wettin nicht gegenüber dem kurz darauf gegründeten Erzbistum Magdeburg zum Zehnt verpflichtet. Zu dieser Zeit gab es noch kein Geschlecht der Wettiner in Wettin. Doch die Familie ist alt. Schon Thietmar von Merseburg meldet, dass 982 ein Graf Dedi (Dietrich) als Vasall Ottos II. bei einer Schlacht in Italien ums Leben kam. Damals besaß die Familie im Saale-Mulde-Raum Land. Unter Thimo, der sich noch Graf von Brehna nannte (auch von Kistritz, so als Stifterfigur im Naumburger Dom verewigt), gelangte sie wohl um 1050 auch in den Besitz der Burg Wettin.

Thimos Sohn Konrad, der sich den Namen der Große erwarb und Markgraf von Meißen wurde, war der Erste, der den Namen Wettin führte. Seine späteren Nachkommen entschlossen sich allerdings erst im 15. Jh., diesen Namen anzunehmen. Da war die Burg nicht mehr in ihrem Besitz. 1290 starb mit dem Grafen Otto von Brehna der Zweig der Familie aus, dem Wettin gehörte. Die

Burg fiel an das Erzbistum Magdeburg. Das blieb so bis 1680, dann übernahm bis 1945 Preußen das Zepter … Und hier liegt das Problem: Schon die Grafen von Brehna hatten nicht mehr auf Burg Wettin residiert. Sie übertrugen die Aufgaben Burgvögten. Die Erzbischöfe verfuhren ähnlich. Unter den Preußen regierten teilweise die Pächter. Der Effekt war immer der gleiche: Jeder Vogt, jeder Burgmann, jeder Pächter, auch Prinz Louis Ferdinand von Preußen, der zwischenzeitlich die gesamte Burg als Privatbesitz erworben hatte, baute aus und um, riss ab, baute neu … Von der hochmittelalterlichen Grafenburg ist nichts mehr geblieben. Schrittweise wurde alles überbaut. Die Bergfriede des 12. Jh. wurden im 17. Jh. abgerissen, ebenso die Burgkirche St. Petri (12. Jh.). An ihre Stelle traten zeitgenössische Zweckbauten. Wer wissen will, wie alles einst war, hat in einem Stich von Merian (1653) einen Anhaltspunkt.

RUNDGANG

Die Burg Wettin besteht aus zwei Teilen. Aus der 10–15 m höher gelegenen *Oberburg* im Westen und der *Unterburg* im Osten. Dazwischen liegen im Gelände der ehemaligen Vorburg der Grafenhof und der Amtshof. Beide verdienen eigentlich kein Interesse, sie sind vollgestellt mit Wirtschaftsgebäuden und

Baracken des späten 19. und 20. Jh. Aber sie bieten hinreichend Raum für lebhafte *Burgfeste* (alljährlich im August) und allerlei Veranstaltungen und erfüllen damit einen populären Zweck.

Dominante der Burg ist der *Winckelturm* auf der Ostspitze. Er wurde wie das Alte, das neben ihm liegende Mittlere und das Neue Haus im 18. Jh. von den Herren aus dem Winckel erbaut, denen diese Burgteile längere Zeit gehörten, aber danach noch baulich verändert. Nach mancherlei Besitzwechsel (u. a. Gauparteischule der NSDAP, KPD- und FDJ-Schule) ist hier heute ein Gymnasium untergebracht. Der Appellplatz und die Toranlage entstanden 1934/39.

Vom Weg entlang der Mauer zwischen Vor- und Unterburg hat der Besucher einen schönen Ausblick ins Saaletal.

Die Neubebauung des Geländes Oberburg (17. Jh.) folgte der Form der ursprünglichen Rundburg. Auch diese Häuser wurden mehrfach baulich verändert, seit langem ist hier eine Schäferschule untergebracht. Einzige Zeugen der alten Wehranlagen sind eine Kanonenbastion (15. Jh.) und ein kurzer Abschnitt der Zwingermauer.

Lage: An der Saale, ca. 15 km nördl. von Halle, A 14 oder B 6 bis Abfahrt Wettin, 7 km. Parken: unterhalb der Burg am Saaleufer.

Burg-Cáfe Arndt
Tel.: (0 34 07) 2 02 65
www.burgcafe-wettin.de
Di.–Fr. 12–23 Uhr, Sa. 11–24 Uhr, So. 11–20 Uhr

HEIMATMUSEUM AUF DER BURG

In Wettin gibt es einen Heimat- und Geschichtsverein. In jahrelanger Arbeit hat er zahlreiche Zeugen aus vergangenen Tagen zusammengetragen. In drei Komplexen wird die Geschichte des Hauses Wettin und der Burg, die der Stadt und Wettiner Häuser veranschaulicht.

Heimatmuseum und Wettin-Information
Burgstraße 4, 06198 Wettin
Tel.: (0 34 07) 20 32 0
www.wettin.de
Mo./Di. 12–17 Uhr, Do. 12–18 Uhr, Fr. 11–15 Uhr; April–Okt. Sa./So. 13–17 Uhr, Stadtführungen auf Voranmeldung

▶ ABSTECHER
TEMPLERKAPPELLE MÜCHELN

Der Ururenkel Konrads des Großen, Dietrich II., war Besitzer des Gutes Mücheln. Er schenkte es dem Templerorden. Sein Sohn Dietrich III. war zugleich der letzte Komtur des 1312 aufgelösten Ordens und weihte die kleine um 1280 vollendete turmlose gotische Saalkirche (6 x 14,5 m), die sich in ihren wesentlichen Strukturen erhalten hat. Selbst Reste der Malerei sind noch erkennbar. Das

Die Templerkapelle in Mücheln wurde von Nachfahren Konrads des Großen gebaut

historische Kleinod ist Ort von Sommerkonzerten und Gottesdiensten. Auf dem Dachboden neben der in das Mauerwerk integrierten Wendeltreppe wird eine Ausstellung zur Geschichte des Templerordens gezeigt.

Lage: Stadtteil Mücheln, östl. Ortsausgang ca. 1,5 km. Parken: links neben der Einfahrt zum Gutshof.

Sommer tgl. 10–19 Uhr,
Winter tgl. 11–16 Uhr

▶ **ABSTECHER**
   AUGUSTINERSTIFTSKIRCHE
   ST. PETRUS

Der Petersberg erhebt sich 150 m über den ihn umgebenden Saalkreis. Auf ihm lagen schon in vorchristlicher Zeit Kultstätten. Graf Dedo von Wettin gründete 1124 auf diesem „heiligen Berg" ein Augustinerchorherrenstift. Es gehörte bis zu seiner Auflösung 1540 zu den bedeutendsten Klöstern in Mitteldeutschland. In der kreuzförmigen romanischen Basilika fanden Konrad der Große und weitere seines Geschlechts ihre letzte Ruhe. Der große Kenotaph für zehn Wettiner in der Südwestecke des Innenraums wurde erst um 1567 errichtet.

Lage: Auf dem Petersberg, nordöstl. von Wettin, Anfahrt über die B 6, ca. 12 km. Parken: unterhalb des Berges.

Tgl. von 7.45 Uhr bis zum Einbruch der Dunkelheit. Führungen nach Voranmeldung: (03 46 06) 2 04 09

Restaurant & Café
„Pavillon Petersberg"
In gemütlich-rustikaler Atmosphäre können die Gäste selbstgebackenen Kuchen und leckere Speisen mit schönem

In der Stiftskirche auf dem Petersberg

Blick auf die Umgebung genießen. Im Sommer kann auch draußen getafelt werden.

Hallesche Straße 18, 06193 Petersberg
Tel.: (03 46 06) 3 57 10
www.pavillon-peterberg.de
Di.–So. 11–18 Uhr, nach 18 Uhr auf Vorbestellung
Restaurant „Berglümmel"
Hallesche Straße 26
Tel.: (03 46 06) 3 55 35
Tgl. ab 11 Uhr

EXTRATIPP: Der Petersberg ist ein beliebtes Ausflugsziel. Besonders Kinder kommen hier auf ihre Kosten. Es gibt einen *Bergzoo* mit vielen einheimischen Wild- und Haustieren, dazu kommen Kleinsäuger aus aller Welt. Er ist ausgesprochen familienfreundlich und zeigt – soweit es möglich ist – Tiere zum Anfassen und Füttern.

Im *Museum*, nur wenige Meter entfernt, gibt es in einer Dauerausstellung Interessantes aus der Region zu sehen.

www.museum-petersberg.de (für Zoo und Museum)
Di.–So. 10–17 Uhr,
Nov.–März Di.–So. 10–16 Uhr
Zu den Attraktionen gehört eine Sommerrodelbahn von 700 m Länge bei einem Höhenunterschied von 35 m.
Tel.: (03 46 04) 2 18 86
www.rodelbahn-petersberg.de
Mo.–Fr. 11–13/15.30–17.30 Uhr,
Sa./So. u. Feiertage 11–17.30 Uhr
(wetterbedingte Schließung möglich)

BURG GIEBICHENSTEIN

Givico oder Giebich (der Gebende), das ist einer der Namen des germanischen Gottes Wodan. Gut möglich, dass auf dem steilen Felsen über der Saale und nahe einer Furt ein Bet- und Opferplatz der Hermunduren gelegen hat. Von ihm ist nur der heidnische Name geblieben. Karolinger und christianisierte Sachsen haben ihn übernommen und ihn auf die auf dem Stein des Giebich entstehende Burg übertragen. Es ist anzunehmen, dass sie eine der ersten unter den zahlreichen Burgen war, die an der Grenze zu den slawischen Gebieten erbaut wurde.

KURZE GESCHICHTE DER BURG

Ob die *Oberburg* um das Jahr 800 tatsächlich an dieser Stelle gelegen hat, ist nicht erwiesen. Das Kastell, von dem der Mönch Einhard 806 in seinen Annalen schreibt, es läge „in orientalem partum sala, ad locum, qui vocatur Halla", auf Deutsch: „am östlichen Ufer der Saale, bei dem Ort welcher Halla heißt" kann hier gestanden haben. Thietmar von Merseburg berichtet in seiner Chronik für das ausgehende 10. und das beginnende 11. Jh. mehrfach von einer Reichsburg Ivicansten. In ihr soll Otto I. 961 Urkunden gesiegelt haben, in ihr weilte bereits der ers-te Erzbischof von Magdeburg, Adalbert, und weitere folgten. Bekannt ist auch, dass die Oberburg Reichsgefängnis war. Die Sage von Ludwig dem Springer (vgl. S. 25) ist eng mit dieser Funktion verknüpft.

Zweifelhaft ist die Lage an dieser Stelle, weil wissenschaftliche Grabungen ergeben haben, dass die ersten Bauten hier nicht vor dem Ende des 11. Jh. errichtet wurden. Ihre Glanzzeit erlebte die Burg unter Erzbischof Wichmann im 12. Jh., damals entstanden die meisten Bauten im schmalen Areal.

Mit der Errichtung der *Unterburg* ab der Mitte des 15. Jh. verlor die Oberburg zunehmend an Bedeutung. Die neuen Bauten in der Unterburg boten den prunkliebenden Erzbischöfen weitaus mehr Spielraum und Bequemlichkeit. Bis 1503 blieb die Unterburg Herrschaftsmittelpunkt. In diesem Jahr zog der Erzbischof Ernst in die stadtnah gelegene neu erbaute Moritzburg. Die Unterburg war danach bis 1904 Verwaltungssitz des wirtschaftlich bedeutenden Amtes Giebichenstein. Die Oberburg, bereits im 16. Jh. zunehmend verfallen, fiel im Dreißigjährigen Krieg (1636) einem verheerenden Brand zum Opfer und wurde seitdem nicht mehr genutzt. Zu einer Renaissance des Giebi-

chensteins kam es im 18. und 19. Jh. Er zog besonders die Romantiker an. Joseph von Eichendorff dichtete hier das Lied „Bei Halle", das zur Hymne der Saalestadt geworden ist. In der Unterburg residiert seit 1921 die international bekannte Hochschule für Kunst und Design Halle – Burg Giebichenstein.

RUNDGANG

Oberburg: Der Zugang von der Saalepromenade ist etwas kürzer als der vom Parkplatz. Der Besucher muss in jedem Fall gleich hinter dem engen Durchlass in der östlichen Wehrmauer auf einem steilen Pfad hinauf zur Höhe gehen. Für schwer Gehbehinderte ist der Giebichenstein daher nicht für einen Besuch geeignet. Auf dem Felsen, in der Südostecke des Plateaus, steht der Torturm (15. Jh.), er ist die Dominante der einstigen Randhausburg und ihr einzig erhaltener Bau. Der schmale Durchgang zum Burghof gehört zum Vorgängerbau (12. Jh., Anfang 13. Jh.), wurde direkt auf den Felsen gegründet und ist, wie der gesamte schlanke Turm (der auch gotischer Turm genannt wird), vollständig aus Bruchsteinen aufgeführt. Zum Eingang in etwa 12 m Höhe führt heute eine stählerne Wendeltreppe: 42 Stufen ohne Zwi-

◄ Der Torturm und Grundmauerreste der Oberburg Giebichenstein

> ### BEI HALLE
>
> Da steht eine Burg überm Tale
> Und schaut in den Strom hinein,
> Das ist die fröhliche Saale,
> Das ist der Giebichenstein.
>
> Da hab ich so oft gestanden,
> Es blühten Täler und Höhn,
> Und seitdem in allen Landen
> Sah ich nimmer die Welt so schön!
>
> Joseph von Eichendorff

schenpodest. Der Turm sollte unbedingt bestiegen werden. Von oben ist das gesamte Burggelände (Breite 40 m, Länge 90 m) überschaubar und die Lage, Größe und Funktion der verschwundenen Gebäude anhand ihrer zutage liegenden Grundmauern einsehbar. Rechts, an der Saalefront, an die nördliche Ringmauer „angelehnt" bzw. ein Teil von ihr (Randhausburg), lagen der Palas, ein zweistöckiger Bau, und ein weiterer Wohnturm; beide vermutlich 1. Hälfte 12. Jh. Wer das Auge dafür hat, erkennt im Mauerwerk noch Bauzier der Romanik. Auf der vom Brandschutt beräumten Grundfläche des Wohnturms steht das Fragment einer hohlen Mittelstütze, ein seltenes architektonisches Element, das neben einer statischen Funktion die Aufgabe hatte, Licht in die Räume zu leiten. Von der gegenüberliegenden dreigliederigen Burgkapelle (Schiff, Chor, Apsis, um 1170) weiß man, dass sie exakt auf der heiligen Linie, also in westöstlicher Richtung erbaut wurde. Hinter ihr, an der Südseite, steht noch ein Teil der oftmals geflickten Ringmauer mit Auflagen eines gewölbten Wehrganges und Schießscharten.

Schöne Sichten ins Saaletal bieten sich besonders vom Palas und von der Westbastion aus. Vor ihr führen Treppen hinab in zwei Gewölbe, die vermutlich als Lagerräume, eventuell auch als Gefängnis gedient haben.

Tafeln im Gelände informieren knapp über die ehemaligen Gebäude. Das Areal wird zunehmend als Spiel- und Veranstaltungsstätte (Sommertheater, Konzerte, Mittelalterfest) genutzt.

Unterburg: Rund um die Unterburg stehen noch die bis zu 2 m starken *Wehrmauern* mit ihren fünf Türmen und zahlreichen Maul- und Schlüsselscharten für Hakenbüchsen (um 1445). Sie sind der älteste Teil der Gesamtanlage. Am *Pförtnerturm* hinter der *Brücke* (18. Jh.) über den Trockengraben befindet sich die Kopie eines Bildwerkes von 1470: Der hl. Mauritius ist der Schutzpatron des Erzbistums Magdeburg und daher auch der bischöflichen Residenzen in Halle.

Größtes Gebäude im Burghof ist das sechsgeschossige *Kornhaus* (1473)

Schwertkampf bei einem Mittelalterfest im Burggraben der Unterburg Giebichenstein

mit seinen Staffelgiebeln im Norden und Süden. Es trägt das Wappen des Erzbischofs Johann (Ostseite) und das derer von Dieskau (Nordgiebel). Ins Erdgeschoss sollte man hineinschauen; hier beeindrucken die über die 500 Jahre alten Balkenkonstruktionen. Am Südende seiner Westfront steht ein schönes barockes *Taubenhaus*. Die Häuser rund um den Rosengarten – vor manchen stehen „Kunststücke" aus den Werkstätten der Hochschule – sind im Prinzip nicht zugänglich, wie auch die unter ihnen liegenden Keller und Kasematten. Die ältesten Gebäude – Amtshaus (Ostflügel) und Hofmeisterhaus (Norden unter dem Felsen) – wurden im 18. Jh. errichtet. Besonders schön ist der Blick von der Nord- und der Westseite des Rosengartens: Man sieht den hohen Felsen der Oberburg und die auf ihm gegründete Mauer.

Lage: Im Nordwesten der Stadt Halle, unmittelbar an der Saale. Parken: gegenüber der Unterburg an der Seebener Straße. Sonderführungen über Tourist-Information Halle, Marktplatz 13 (Marktschlösschen), 06108 Halle
Tel.: (03 45) 1 22 99 84
www.stadtmarketing-halle.de
Oberburg: April–Okt. Di.–Fr. 10–20 Uhr, Sa./So. u. Feiertage 10–21 Uhr
Unterburg: Während des Studienbetriebs der Hochschule ist das Gelände frei zugänglich.

▶ **ABSTECHER AMTSGARTEN UND „ALTE BURG"**

Das Felsplateau östlich des Giebichensteins hat schon vor Jahrhunderten Historiker beschäftigt. Lag hier die Vorgängerburg, der alte, der wahre Giebichenstein? Gut möglich. Das Gelände ist etwa zehn Mal größer (fast 38.000 m^2). Es fällt nach allen Seiten ab, liegt nicht so dicht am Fluss, ein Feind wäre zwischen Wasser und Fels einfacher zu stellen und zu vernichten.

Wissenschaftliche Grabungen haben bis heute nicht stattgefunden. Aber bei vor Jahrzehnten durchgeführten Geländeschnitten kamen bereits Funde aus karolingischer Zeit zum Vorschein. Die gab es auf der gründlich erforschten Oberburg nicht, auch nicht auf dem Domhügel in Halle, wo die alte Reichsburg der Legende nach ebenfalls gelegen haben soll. Das Gelände ist sicher noch für manche Überraschung gut.

Seit dem 17. Jh. begannen Gartengestaltungen. Heute gehört der Amtsgarten aufgrund seiner Eigenart und Schönheit, seiner dendrologischen Besonderheiten und ansprechenden Bepflanzungen zu den 40 bedeutendsten Gartenanlagen in Sachsen-Anhalt auf der Touristen-Route „Gartenträume".

Lage: Gegenüber den Eingängen zur Unter- und Oberburg Giebichenstein.
Frei zugänglich

MORITZBURG IN HALLE (SAALE)

Kardinal Albrecht von Brandenburg, Fürst und Erzbischof, Primas von Deutschland und nach dem Kaiser der mächtigste Mann im Reich, war der berühmteste Bewohner der Moritzburg. Und durch ihn ist sie deutschlandweit ins Gerede gekommen. Martin Luther war nicht zimperlich in seinem Kampf gegen die Papstkirche. Er schmähte Albrecht, der den Ablasshandel zu neuer Blüte führte, als „Abgott von Halle", bezichtigte ihn des „Schandverkehrs" und nannte dessen Lieblingsresidenz, die Moritzburg, ein „Hurenhaus". Anderen galt die Moritzburg als prunkvolles Schloss. Von ihren steilen Kegeldächern und den Spitzhelmen der Türme behaupteten Zeitgenossen, sie glänzten in der Sonne wie „eitel Gold".

1541, nach 28 Jahren, musste der hochverschuldete Albrecht – die Stadt hatte dafür einen Teil seiner Verbindlichkeiten übernommen – das sich der lutherischen Reformation öffnende Halle verlassen.

KURZE GESCHICHTE DER BURG

Die Moritzburg, so genannt nach dem Schutzheiligen des Erzbistums, ist die letzte Burg, die im mitteldeutschen Raum errichtet wurde. 1484, am Tag ihrer Grundsteinlegung, war eine Burg herkömmlicher Bauart schon nicht mehr zeitgemäß. Es ging Erzbischof Ernst damals auch nicht darum, ein Bollwerk wider die Heere eines mächtigen Feindes zu errichten. Halle war eine aufsässige Stadt. Es galt, direkt in ihrem Weichbild eine Zwingfeste zu errichten und mit ihr jederzeit ein Einfallstor in die alte Salzstadt zu besitzen. Dieser Charakter ist unübersehbar: Zwei starke vierstöckige Rundtürme weisen direkt auf die Stadt. Dort stand der Feind.

1503 konnten die ersten Räume bezogen werden. Als Ernst 1513 starb, zog sein Nachfolger Albrecht mit Pomp und Pracht ein. Er nahm in seinen Herrschaftsjahren noch wesentliche Veränderungen an der Vierflügelanlage vor, die ihrer Doppelfunktion – Festung und Residenzschloss – besser entsprach. Am Ende mischten sich spätgotische Elemente mit den neuen Formen der Renaissance. Bis zum Dreißigjährigen Krieg blieb die Moritzburg Residenz der erzbischöflichen Administratoren. 1637 verursachten sächsische Soldaten einen Großbrand, die schwedische Besatzung machte 1639 die Gesamtanlage

Blick auf die Moritzburg vom Turm des Pysikalischen Instituts

gänzlich zur Ruine. Einzelne Bauten wurden noch genutzt, im 18. Jh. kam noch ein Zweckbau dazu. Ein planmäßiger Ausbau und die denkmalpflegerische Sicherung der verbliebenen Reste begannen erst 1901. Heute ist die Stiftung Moritzburg – Kunstmuseum des Landes Sachsen-Anhalt Hausherr.

RUNDGANG

Vom Friedemann-Bach-Platz führt eine *Brücke* (1750) über den Graben, der die Burg einst an drei Seiten umgab. Hier ist er noch von ursprünglichem Maß: etwa 25 m breit, 10 m tief. Rechts und links der Wehranlage (Grundfläche 85 x 72 m) springen die *Rundtürme* vor. Heute, ohne ihre Helme, wirken sie wie Kanonenbastionen, eine Funktion, die sie nie

erfüllt haben. Sie dienen seit Langem kulturellen Zwecken. Im Kuppelsaal des linken Turms werden Kunstschätze ausgestellt, im rechten residiert seit Jahrzehnten ein Klub. Am *Torturm* sind eine Skulptur der hl. Katharina und das Familienwappen Albrechts angebracht, an der Hofseite das Wappen des Erzbischofs Johann Albrecht, der Kardinal Albrecht nachfolgte. Im Obergeschoss hatte 1929–1931 der Maler Lyonel Feininger sein Atelier. Hier schuf er Grafiken und Bilder seines berühmten Halle-Zyklus.

Zum Originalbestand gehört die *Magdalenkapelle* an der Nordseite. 1509 geweiht und 1514 zur Aufnahme der Reliquiensammlung Albrechts bestimmt, diente sie später u. a. als Strohlager, Garnisons- und

117

WAS HABEN DIE MENSCHEN DAMALS GEGESSEN?

Die üppigen Rittermahle und „Tafeleyen" die heute auf den Burgen angeboten werden, hat es sicher auch gegeben. Aber der Alltag sah für die Burgmannschaft und auch nicht selten für die Herren ganz anders aus. Grundnahrungsmittel war *Getreide*: Dinkel und Roggen, manchmal musste Grassamen reichen. Damit wurde Brot gebacken, meist aber nur ein Frühstücks- bzw. Ganztagsbrei hergestellt. Hin und wieder kamen etwas *Obst* aus dem Burggarten oder getrockneten Äpfeln, Zwetschgen und Quitten hinein. Gesüßt wurde mit Honig. *Gemüse* beschränkte sich auf Kohl, Rüben, Zwiebeln und Knoblauch. Erbsen und Bohnen waren auch bekannt, dazu kamen heute vergessene Gemüse wie Guter Heinrich, Gartenampfer, Pastinake, Haferwurzel oder Portulak und Raute. Wie die aussehen, kann man sich z. B. im Garten der Burg Ummendorf (S. 128) anschauen oder im Klostergarten in Jerichow (S. 157) *Eier* gab es häufiger, denn für die Hühnerhaltung braucht man nur wenig Platz. *Milch* gehörte zu den Seltenheiten. Die Ställe wurden für die Pferde gebraucht. Wo Milch floss, gab es auch Butter und einfachen Sauerkäse.

Fleisch kam nur selten auf die Tafel. Wenn die hörigen Bauern ihre Abgaben leisteten, gab es Schweine- und Ziegenfleisch, Rindfleisch war seltener, und Pferdefleisch durfte niemand essen. Ein Problem war die Bevorratung. Fleisch an der Luft zu trocknen ist schwierig, zum Räuchern eignete sich nicht jedes. Und Pökeln? Da braucht man viel Salz, und das war kostbar.

Das *Würzen* hing vom Geld ab. Beliebt waren Kümmel, Wacholder, Salz, Petersilie und Basilikum. Die gab es überall. Ab dem 13. Jh. kamen exotische Gewürze auf: Pfeffer, Ingwer, Zimt und Muskat. Sie waren durch die Kreuzfahrer bekannt geworden, aber nur Wohlhabende konnten sie bezahlen.

Von Zeit zu Zeit bereicherten auch *Wildfrüchte* wie Heidel- oder Walderdbeeren und *Wildpret* (Rehe, Hirsche, Hasen, Bären, aber auch Singvögel wie Lerchen und Drosseln) den Speisezettel. *Fische* wurden in Teichen gezüchtet. Oder wie hier an der Saale auch aus dem Fluss gefischt.

Universitätskirche. Ihr Inneres ist schlicht, die Emporen aufgrund des geringen Bauraums (23 x 14 m) äußerst schmal. Hinter einer Tafel an der Westwand wurde das Herz Erzbischofs Ernst beigesetzt.

An der Südseite des Hofes wurde 1904 eine Nachbildung des 1558 am städtischen Hallmarkt gebauten *Talamtes der Halloren* errichtet. Die Prunkstücke hallischer Kunsttischlerei, das Gerichtszimmer (1594) und das Festzimmer (1617) sind hier eingefügt worden.

Der West- und der Nordflügel der Moritzburg, hier lagen einst die Repräsentationsräume der Erz-

▶ Ein prunkvoller Kamin im Festzimmer des Talamts

bischöfe, erhielten 2009, nach umfassender Bausanierung, über der historischen Mauerkrone eine moderne Aluminium-Dachkonstruktion (Architekten: Nieto und Sobejano/Spanien). Unter diesem Dach sind zweigeschossige Großräume (zusammen 2.000 m² Ausstellungsfläche) entstanden, aus deren Fenstern (zum Großteil mit den originalen Wandungen des 16. Jh.) sich ein Ausblick auf die Saale und teilweise auf Türme der Stadt bietet.

Beim Besuch des Kunstmuseums können auch die gotischen Gewölbe (Bauzeit 1484) betreten werden. Lohnend ist auch der Gang um die Burg. Am nordöstlichen Rundturm führt die Straße entlang der Nordfront hinunter zur Saale, von der Brücke aus, besser aber noch vom Robert-Franz-Ring ist die Westfront der Burg gut einzusehen. Hier sind – im Unterschied zu sonstigen Restaurierungsergebnissen – die Außenmauern der Burg steinsichtig belassen. Das ergibt einen sinnfälligen Kontrast zwischen der modernen Architektur und der historischen Gebäudehülle.

MoritzKunstCafé

Neben einem Mittagsangebot gibt es diverse Kuchen und Torten: bei schönem Wetter auch im Burghof. Die Jüngsten haben eine große Kinderspielecke für sich.
Friedemann-Bach-Platz 5, 06108 Halle
Tel.: (03 45) 4 70 48 07
www.moritzkunstcafe.de

Mo. 11–14 Uhr, Di.–So., an Feiertagen 10–18 Uhr

DAS KUNSTMUSEUM DES LANDES SACHSEN-ANHALT

Die Moritzburg beherbergt das Kunstmuseum des Landes. Im Zentrum steht die Gemäldesammlung, maßgeblich die Kunst des 20. Jh. Die Sammlung Plastik umfasst Werke vom Mittelalter bis zur Gegenwart. Im Landesmünzkabinett werden mittelalterliche bis neuzeitliche Münzen und Geldscheine gezeigt.

Lage: Halle, Stadtmitte. Parken: direkt vor der Burg (Friedemann-Bach-Platz).
Friedemann-Bach-Platz 5, 06108 Halle
Tel.: (03 45) 21 25 90
www.stiftung-moritzburg.de
Di. 10–19 Uhr, Mi.–So. u. Feiertage 10–18 Uhr, 24.12./31.12. geschlossen

▶ ABSTECHER LANDESMUSEUM FÜR VORGESCHICHTE

Der Burgenfreund wird in Halle unbedingt auch das Landesmuseum für Vorgeschichte – Ausstellungsort der weltbekanten Himmelsscheibe von Nebra – besuchen. Zu den gezeigten Objekten gehören auch Funde aus den Burgen des Landes.

Richard-Wagner-Straße 9, 06114 Halle
Tel.: (03 45) 5 24 73 63
www.archlsa.de
Di. 9–19.30 Uhr, Mi.–Fr. 9–17 Uhr, Sa./So. u. Feiertage 10–18 Uhr, Mo. nach Voranmeldung

WASSERBURG ROSSLAU

In Roßlau wurde im September 2005 eine ungewöhnliche Entdeckung gemacht: Unter einem uralten Gewölbe lag inmitten anderer Funde, darunter Keramikscherben aus dem 14. Jh., ein Fingerring, der sogenannte *Roßlauer Treuering*. Das kunstfertig gearbeitete goldene Schmuckstück gilt aufgrund seiner Symbolik – zwei ineinander verschlungene Hände – als der älteste bislang bekannte Treuering (Trauring) Deutschlands. Er muss einer Trägerin von einigem Adel gehört haben, denn im Mittelalter war es nur hochgestellten Frauen gestattet, einen goldenen Treuering zu tragen.

Auch die Roßlauer Burg ist regelmäßig Austragungsort von Mittelalterfesten

Das Original des Roßlauer Treuerings kann im Dessauer Museum für Naturkunde und Vorgeschichte bewundert werden; ein Roßlauer Goldschmied stellt mit der Lizenz des Landes Sachsen-Anhalt edle Duplikate her.

KURZE GESCHICHTE DER BURG

Im frühen und auch noch im hohen Mittelalter war die Elbe ein Grenzfluss. Auf dem linken Ufer siedelten germanische Stämme, auf dem rechten slawische. Im Prinzip, denn es gab auf beiden Seiten des Stroms Exklaven der einen oder der anderen Völkerschaft. Schon unter den Karolingern, im 8. und frühen 9. Jh., wurden an der Elbe-Saale-Linie Kastelle, meist einfache, aber auch schon starke Befestigungen gebaut. Sie sicherten den Handel mit dem Osten und die Grenze gegen die „Heiden". Die Slawen auf dem anderen Ufer taten es ihnen gleich. Geschützt durch den wasserreichen Strom und die sumpfigen Niederungen des Flüsschens Rossel vor den Höhen des Fläming bauten sie ihre Burg Rozelowe. Wann das genau geschah, darüber gibt es keine verlässlichen Quellen. Die deutsche Burg Roßlau wird erst in einem Dokument von 1358 in einer seltsamen Mischung aus Polnisch und Mittelhochdeutsch erwähnt: Rozelowe dat hus, heißt es. „Hus" steht hier für Burg. Damals ging sie in den Besitz anhaltischer

Die Wasserseite der Burg

Fürsten über. In dieser Zeit waren die hier verbliebenen Slawen schon lange christianisiert, und die deutsche Grenze verlief ein paar hundert Kilometer weiter östlich.

Ritter und Ministeriale mit den Namen Rozelowe; de Roslov oder Roslaw hat es schon im 13. Jh. gegeben. Bislang wurde angenommen, dass die Burg im 14. Jh. nur aus einem Wohnturm bestand, der von einer Ringmauer und einem dreifachen Wassergraben umgeben war. Im Herbst 2009 haben archäologische Forschungen im Innenhof der Burg die Fundamente eines Bergfrieds von wahrscheinlich 25 m Höhe ans Licht gebracht, dazu die Fundamente des Burgbrunnens.

1480 wurde die Burg Eigentum des Reichsstiftes Quedlinburg, später wurde sie verpfändet und ander-

GAB ES AUCH MUSIK AUF DEN BURGEN?

Es gab sie. Nicht alle Tage, aber doch mehrmals im Jahr. Fahrende Spielleute zogen von Burg zu Burg. Sie musizierten auf dem Burghof vor den Knappen, den Dienern und Mägden. Zu ihren Liedern haben sie sich auf Streichinstrumenten wie Fideln und Psalter, mit Sackpfeifen, Schalmeien, Flöten und Trommeln begleitet. Man kann diese Klänge heute nur noch selten hören, meist bei den Mittelaltermärkten und den Ritterspielen, die auf vielen Burgen stattfinden. Dann gab es noch die Minnesänger. Das waren die großen Stars der Szene. Sie sangen nur vor dem Burgherrn, seiner Frau und ihren Kindern und natürlich vor den Rittern. Die Minnesänger waren selbst Ritter, also vom Adel, aber meist arm. Sie sangen sehr schöne, aber auch traurige Lieder von der Liebe zu einer Frau, die schon verheiratet war, oder zu einem Mädchen, das schon einem anderen Mann versprochen war. Ihnen in Gedanken zu dienen und sie zu verehren, das war ihr Ideal. Aber irgendwann haben sie auch ein Lehen bekommen, also Grund und Boden, bauten sich eine Burg und konnten dann auch heiraten und Kinder haben.

weitig belehnt. Die dazugehörenden Dokumente sind voll vom Hader der umliegenden Fürsten aus den Häusern Anhalts. Der Erste, der hier längere Zeit Quartier nahm, war ein Fürst von Anhalt-Dessau. Weil die Luft an der Elbe „so rein und frisch" war, aber er floh wohl vor der Pest. Bis zum 16. Jh. und bis hinein ins 20. Jh., wurde an der Burg gebaut, verändert, umgestaltet. Zeitweilig war das Rathaus von Roßlau hier untergebracht. 1836/38 ließ der Fürst von Anhalt-Köthen die inzwischen arg mitgenommenen Häuser hinter der hohen Mauer im Sinne der Romantik und der Neogotik wieder bewohnbar machen, dann war eine Oberförsterei des Herzogtums Anhalt-Dessau hier untergebracht. 1870 brannte alles ab. Rund 50 Jahre später wurden in den wiederauf-

gebauten Häusern Wohnungen für kinderreiche Familien eingerichtet, mit „allem Komfort" der Zeit. Die letzten Mieter zogen 1986 aus. Seit 1999 kümmert sich der Förderverein Burg Roßlau e.V. um den Erhalt und den Ausbau der Burg zu einem soziokulturellen Zentrum

RUNDGANG

Vom Parkplatz unmittelbar an der Burg hat man einen ersten Blick auf die Ost- und Südostseite der Rundburg. Die Mauern sind bis unter die Dächer der vom Innenhof aus an sie gelehnten Häuser aus unbehauenen Feldsteinen. Wegen ihrer geringen Größe ist die Wasserburg Roßlau zugleich auch eine Randhausburg. Da die Elbe als Sandfluss keine Steine nennenswerter Größe mit sich führt, können die Findlinge und faustgroßen Brocken vieler Gesteinsarten nur aus den Endmoränen des Flämings stammen. Allein ihr Transport war eine Meisterleistung. Sie wurden so gekonnt miteinander verfugt, dass sie über Jahrhunderte als Verband zusammengehalten haben. Einige Flickstellen aus Ziegeln oder Mauerbegradigungen unter den Dächern und über der großen Zufahrt im Nordosten können diesen Eindruck nicht trüben. Ab etwa 10 m Höhe sind die Fenster der rückwärtigen Häuser durchgebrochen, aufgrund ihrer Wandungen sind sie offenbar Bauleistungen des 17. und 18. Jh.

Zum Eingang an der Südseite führt eine Treppe, 15 Stufen „verraten", dass der Innenhof (nur etwa 250 m²) erheblich höher liegt als das Gelände der Vorburg. Seit dem Herbst 2009 weiß man nun auch: Er ist mit einem mächtigen Packlager aus Feldsteinen angefüllt. Das war notwendig, um dem später abgebrochenen *Bergfried* die nötige Standfestigkeit in dem sumpfigen Gelände zu geben.

In der Mauer zwischen den starken Strebepfeilern südwestlich des Eingangs hat sich ein mittelalterliches Schlitzfenster erhalten. Es gehört zum *Wohnturm* aus dem 14. Jh., der bislang als der älteste Teil der Burg galt. Er wurde unter den strengen Auflagen der Denkmalpflege bereits saniert. In ihm gibt es einen 15 m hohen mittelalterlichen Kamin (14. Jh.), der voll funktionstüchtig ist. Die *Häuser im Burghof* werden in den kommenden Jahren rekonstruiert und restauriert. In einem sind schon die ersten Stücke einer Sammlung zur Burg- und Regionalgeschichte untergebracht. Geplant ist der Einbau einer Herberge, Räume für kulturelle Veranstaltungen sollen entstehen.

Das Gebäude wenige Meter südlich der Burg war das 1740 errichtete *Jagdschloss* der Landesfürsten von Anhalt-Zerbst, heute ist es ein Verwaltungssitz. Über die *Schlossbrücke* kommt man auf den Fußweg entlang der B 178. Rechts, gleich hinter der Brücke, führt ein kleiner Hang hinunter zur Rossel, ein je nach Jahreszeit erstaunlich viel

Ausgrabungen auf dem Burghof

Wasser führender Zufluss der Elbe. Der Blick auf die Burg ist im Sommer weitgehend von Grün verstellt, aber deshalb wohl besonders romantisch. Gegenüber der Brücke hat sich ein Teil des alten Grabens erhalten: „Rozelowe" war – und ist es noch bedingt – eine Wasserburg. Entlang des Baumbestandes kommt man durch die Torscheune zurück auf den Hof der Vorburg.

Feste Öffnungszeiten hat die Wasserburg Roßlau noch nicht. Aber an und in ihr wirkt ein tatkräftiger Verein, der fast rund um das Jahr zahlreiche Veranstaltungen organisiert und Partnern das Gelände zur Verfügung stellt. Zwischen Ostern und Weihnachten gibt es mehrfach buntes Markttreiben, Konzerte, Schlagernächte, Ferien- und Familientage, „Ritteressen" und Landsknechtsfeste in der „Ritterklause". Ein Höhepunkt ist alljährlich das „This-Is-SKA"-Festival, es ist das größte dieser Musikrichtung in Europa. Im August ist Burg-Theatersommer mit Inszenierungen, die zum Ambiente passen. „Saltatio Burgus – die tanzende Burg", die Mittelaltertanzgruppe Roßlaus zeigt, was sie kann; es gibt Projekttage mit Schülern, die in und an den alten Mauern unter anderem ihre Fähigkeiten im Schauen und Zeichnen üben. Sie lauschen auch den Legenden, die sich nun bilden: Der Treuering fiel vom Finger der Gertrudis von Vorest, die um 1262 auf der Burg gelebt haben soll. Sie hatte den damaligen Burgherren Fredericius Schlichting geheiratet. Und natürlich spukt sie nachts in der Burg, denn sie sucht seit 750 Jahren ihren Ring.

Lage: Am südlichen Stadtrand von Dessau-Roßlau, A 9 bis Abfahrt 8 Dessau-Roßlau/Coswig/Wittenberg, ca. 12 km auf der B 178. Parken: auf dem Hof der Vorburg, Zufahrt über die Küchenbreite (rechts halten) direkt durch die Torscheune.

Außenanlage frei zugänglich, keine festen Öffnungszeiten

Förderverein „Burg Roßlau" e. V.
Am Schlossgarten 18 b
06862 Dessau-Roßlau
Tel.: (03 49 01) 8 54 41 (Vorsitzender Peter Hahne)
www.burgrosslau.de
Mittelaltertanzgruppe Saltatio Burgus
www.saltatioburgus.de

„Ritterklause"
Kleine Gaststätte im historischen Gewölbekeller der Wasserburg. Tradition hat das Ritteressen in 7 Gängen, begleitet von einem Spielmann (für die Termine s. Internet). Zusätzlich können für Feste auch das Kaminzimmer (mit Waffen an der Wand) und der „Pferdestall" angemietet werden.
Tel.: (0 15 77) 1 52 00 06
www.zur-ritterklause.de

März–Okt. geöffnet zu verschiedenen Anlässen; Organisation von „Ritteressen", Geburtstagsfeiern, Grillfesten usw.

ÜBERNACHTUNGS-TIPPS

HOTEL KAMMERHOF

€€€ Einfache, gemütliche Zimmer im ältesten Teil der Stadt.
Breite Straße 62, 06406 Bernburg
Tel.: (0 34 71) 33 49 60
info@hotel-kammerhof.de
www.hotel-kammerhof.de

ZUM KLEINEN PRINZEN

€€€ Einfache, leicht historische Zimmer mit Balkon in ruhiger Lage.
Erich-Weinert-Straße 16, 06847 Dessau
Tel.: (03 40) 51 70 71
kontakt@kleinerprinz.com
www.kleinerprinz.com

HOTEL GRAF VON MANSFELD

€€€€–€€€€€ Ein rund 500 Jahre altes Stadtschloss im Zentrum der Altstadt mit individuellen Zimmern (10 EZ, 20 DZ, 4 MZ, 12 Suiten).
Stadtschloß/Markt 56, 06295 Lutherstadt Eisleben
Tel.: (0 34 75) 6 63 00
info@hotel-eisleben.de
www.hotel-eisleben.de

HOTEL-PENSION AM RATSHOF***

€€€ Gemütliche Zimmer (15 EZ/DZ) im historischen Bürgerhaus.
Rathausstraße 14, 06108 Halle
Tel.: (03 45) 2 02 56 32
info@hotel-am-ratshof.de
www.hotel-am-ratshof.de

PENSION BERGSCHENKE KRÖLLWITZ

€€€ Über der Saale gelegene Übernachtungsmöglichkeit (4 Nichtraucher-DZ) mit Blick auf Burg Giebichenstein.
Kröllwitzer Straße 45, 06114 Halle (Saale)
Tel.: (03 45) 2 11 88 55
info@bergschenke.de
www.bergschenke.de

QUERFURTER HOF ***

€€€ Geräumige Zimmer in der historischen Altstadt nahe der Burg.
Merseburger Straße 5, 06268 Querfurt
Tel.: (03 47 71) 52 40
info@querfurterhof.de
www.querfurterhof.de

SCHLOSS ZINGST

€€€ Verschiedene Wohn-Schlafräume in einem ehemaligen Schloss unterhalb der Vitzenburg.
Nebraer Straße 13–14, 06268 Querfurt/OT Zingst
Tel.: (03 44 61) 25 69 54
urlaub@schloss-zingst.de
www.schloss-zingst.de

FERIENWOHNUNGEN EHRICH

€€ Ruhiges Haus am Rand des Ziegelrodaer Forstes mit 3 Ferienwohnungen.
Ringstraße 84, 06542 Winkel
Tel.: (03 46 52) 1 31 10
klaus.ehrich@t-online.de
www.fw-ehrich.de

Preisniveau: Doppelzimmer €€€€€ ab 100 € / €€€€ ab 80 € / €€€ ab 60 € / €€ ab 40 € / € unter 40 €

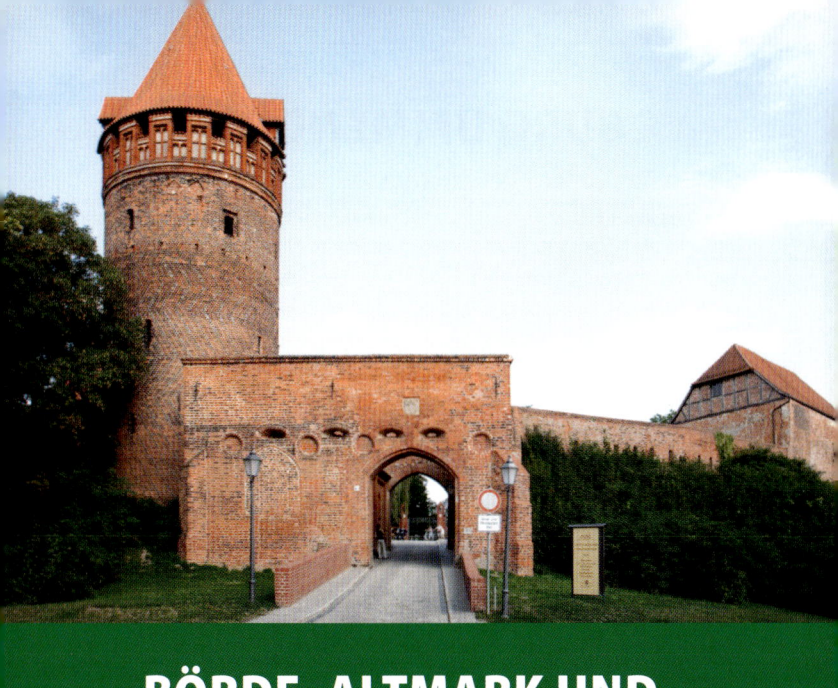

BÖRDE, ALTMARK UND JERICHOWER LAND

Der Norden Sachsen-Anhalts ist bekannt für seine weiten Äcker, fetten Wiesen. Burgen mussten hier auf dem flachen Land errichtet werden. Schutz boten das Wasser und die Sümpfe. Burg Oebisfelde und die Apenburg wurden auf künstlichen Hügeln mitten im bodenlosen Gelände erbaut. Wenn sie genügend Vorräte hatten und keinen Verräter in ihren Mauern, waren sie

▲ Typisch für den Norden: Die Backstein-Burg Tangermünde

uneinnehmbar. Burg Kalbe liegt gleichsam auf einer Insel, um die das Flüsschen Milde fließt. Tief ist es nicht, doch für die Panzerreiterei der mittelalterlichen Ritterheere war es ein ausreichend schweres Hindernis.

Auch Tangermünde, die stärkste Burg nördlich von Magdeburg, war durch die Elbe und die Tanger zumindest von zwei Seiten uneinnehmbar … bis zum Dreißigjährigen Krieg und dem Einsatz schwerer Belagerungsgeschütze.

BURG UMMENDORF

★ ENTDECKER-TIPP

Unter einer Raubritterburg stellt man sich ein bedrohliches Gemäuer vor. Es liegt auf einem steilen Felsen, ist kaum einsehbar und nicht zu erreichen. Die Burg Ummendorf liegt im platten Land, mitten in der fruchtbaren Börde. Der Wind pfeift frei von allen Seiten. Und doch: Hier lebten im 15. Jh. Raubritter. Ob die Burgherren aus der Familie von Veltheim das Geschäft selbst betrieben, sei dahingestellt. Belegt ist nur, dass unter ihrer Herrschaft die Grundlagen dafür geschaffen und dass sie auch genutzt wurden: Burg Ummendorf war ein Stützpunkt von Raubrittern. Doch bald war Schluss. Nach ein paar Überfällen auf Kaufleute zogen 1430 Truppen der mächtigen Elbestadt Magdeburg vor die Burg und räucherten ohne allzu große Mühe das Gesindel aus. Gründlich. Das Lehen fiel danach an eine unbescholtene Familie, an die von Meyendorff.

KURZE GESCHICHTE DER BURG

Friedrich I. von Wettin, Erzbischof von Magdeburg, lag wie viele seines Standes oft genug im Streit mit seinen Nachbarn. Um sein Territorium nach Westen zu sichern, ließ er 1178 die Grenzburg Ummendorf errichten. Vasallen besorgten die Verwaltung. Sie nannten sich schon 1180

nach ihrem Lehen Herren von Ummendorf. Die Lehnsherren wechselten, jeder baute in und an der Burg: Um ihre Wehrhaftigkeit zu erhöhen, um bequemer zu leben, um den Besitz schön zu gestalten. Besonders viel tat die Familie von Meyendorff. Zwischen 1535 und 1581 entstand die unregelmäßige Dreiflügelanlage im Stil der Renaissance. Der alte Bergfried blieb erhalten. Im Dreißigjährigen Krieg, bei den Besetzungen der Burg unter dem protestantischen Feldherr Christian von Braunschweig und dem kaiserlichen-katholischen Wallenstein, wurde „nur" geplündert. 1667, nach dem Aussterben derer von Meyendorff, kam das Gut zurück zum Erzstift und wurde – nach manchem Wechsel der Burgherrschaft – preußische Staatsdomäne. Seit 1912 gehört die Burg der Gemeinde Ummendorf. Sie sorgte dafür, dass hier ab 1924 das Bördemuseum aufgebaut wurde. Es ist seitdem das kulturelle Zentrum der Region.

RUNDGANG

Die Straße zur Burg führt direkt auf eine großzügige *Toranlage* in der Formensprache des Barock zu. Auf den Sandsteinsäulen links und rechts breitet der preußische Adler

▶ Innenhof mit Bergfried und Brunnen

Im Börde-Museum

seine Schwingen – der Stil des frühen 19. Jh. Über eine Steinbrücke, die den hier nicht verfüllten Burggraben überquert, und den Torbau im Nordflügel kommt der Besucher auf den völlig geschlossenen *Burghof*. Alle ihn umgebenden Gebäude wurden in den letzten Jahren restauriert. Vom Weiß ihrer Mauern heben sich die Sandsteinwandungen der Portale, Türen und Fenster ab: viel Renaissance, auch Neo-Romanik, nur wenig Klassizismus. Am Nord- und Ostflügel ziehen schöne Stücke originaler Bauplastik aus mehreren Jahrhunderten die Blicke auf sich. Dazu kommen Wappen und Schrifttafeln. Über allem steht der *Wohnturm* (vielfach auch als Bergfried bezeichnet). Der wuchtige quadratische Bau (6 x 6 m) hat sechs Geschosse und ist rund 25 m hoch. Bis zum 3. Geschoss hat sich die originale Bausubstanz erhalten. In den Turm gelangt der Besucher durch das Erdgeschoss des Bördemuseums. Ursprünglich niedriger, wurde er im 14./15. Jh. und 1576 aufgestockt. Im 12. Jh. war er das Zentrum der hochmittelalterlichen Anlage, die kaum mehr als den Raum des heutigen Burghofs ausfüllte. Hinter den Ringmauern, Wällen und Gräben fühlte man sich offenbar recht sicher. Der Eingang des Wohnturms liegt untypisch niedrig: nur 4 m über dem Boden. Bemerkenswert, weil selten im mittelalterlichen Burgenbau ist, dass direkt im Turm der Brunnen lag. So

WAS HABEN DIE KINDER GETRUNKEN?

Wasser konnte nicht ungekocht getrunken werden, dazu war es nicht sauber genug, man konnte schnell krank werden. Wenn die Mutter klug war, kochte sie Tee. Im Wurzgarten der Burg wuchsen viele Kräuter, zum Beispiel Pfefferminze, Fenchel und Salbei. Manchmal hat sie auch getrocknete Beeren aufgebrüht. Die größeren Kinder bekamen schon mal etwas Wein oder Met, das ist Honigwein – man nannte ihn auch Odinsblut –, zu trinken, das sollte die Krankheitskeime töten, die vielleicht im Essen gewesen waren.

ließ sich eine Belagerung lange ertragen.

Im 1. und 2. Obergeschoss sind noch Kamine und weitere Bauzeugnisse der Romanik vorhanden. Auch die in der Mauer liegenden und deshalb außerordentlich schmalen Treppen stammen aus der ersten Bauzeit. Selbst Erwachsene von durchschnittlicher Größe können hier nur schwer passieren.

Aus den vier Fenstern des 6. Geschosses (hier ist der Turm achteckig), aus der Studierstube des Burgherrn Andreas I. von Meyendorff, kann man das Burggelände überschauen. Westlich, im Bereich der ehemaligen Vorburg, stehen noch, trotz der Veränderungen zwischen dem 18. und 20. Jh., Stallgebäude mit mittelalterlicher Grundsubstanz.

Das *Börde-Museum* zeigt auf zwei Etagen Sachzeugen aus der Geschichte der Region in überraschender Qualität und Vielfalt: schön gestaltete Hau- und Schlusssteine, Bekrönungen von Schornsteinen,

Türen, Fenster, Knaggen niederdeutscher Fachwerkhäuser, Werkzeuge und vieles mehr, darunter Gemälde, Grafiken und Dokumente. In einem alten Kellergewölbe stehen Maschinen aus dem Salzbergbau im Oberen Allertal. Sonderausstellungen ergänzen das Programm.

Besonderer Anziehungspunkt ist der *Kräutergarten* im westlichen

Der Kräutergarten

131

Zwinger und im verfüllten Burggraben. Hier kann der Besucher die Vielfalt der Pflanzen studieren, die unseren Vorfahren Lebensmittel waren und die auch auf den Burgen auf schmalstem Raum angebaut wurden. Als Pendant dazu liegt vor dem Südflügel (heute beherbergt er eine Grundschule) ein Barockgarten mit Nutzpflanzen aus der Neuen Welt, Gewächsen, die erst im 16. bis 18. Jh. nach Europa kamen.

Technikbegeisterte können in der *Sammlung alter Landmaschinen* (Südwestecke) überraschende Entdeckungen machen.

Börde-Museum Burg Ummendorf
Meyendorffstraße 4, 39365 Ummendorf
Lage: Südlich der A 2, Abfahrt 65 (Eilsleben), weiter auf der B 245, ca. 10 km.
Parken: unmittelbar an der Burg.
Tel.: (03 94 09) 5 22
www.boerdemuseum-burg-ummendorf.de
Feb.–Nov. Di.–So. 12–17 Uhr, Führungen (auch außerhalb der Öffnungszeiten) nach Vereinbarung

▶ **ABSTECHER
DORFRUNDGANG**

Ummendorf, 1145 erstmalig urkundlich erwähnt, wurde 2001 als das schönste Dorf in Sachsen-Anhalt ausgezeichnet und errang im Bundeswettbewerb eine Goldmedaille. Touristenführer zeigen den Ort, der zahlreiche alte Gehöfte mit sehenswerten Toreinfahrten und

Detail des Tympanons an der Dorfkirche

Gebäuden, auch eine schöne *Kirche* hat. Sehenswert ist die Innenausstattung des jüngst vollständig sanierten Gotteshauses: Auffallend ist der prächtige Altar (1580), gestiftet vom Burgherren Andreas von Meyendorff, der auch ein bedeutender protestantischer Theologe war. Sein Grabmal und weitere Epitaphe aus Sandstein und Alabaster, die Kanzel und Wandmalereien des 17. Jh. sind gut erhalten. Von der christlichen Vergangenheit Ummendorfs zeugen ein über 1.000 Jahre alter Taufstein und ein Weihwasserkessel.

Dorfkirche Ummendorf
Tel.: (03 94 09) 4 63
Dorfrundgang:
www.ummendorf-boerde.de
Keine Öffnungszeiten, Besichtigungen/Führungen nach Vorabsprache

WASSERBURG EGELN

★ TOP-TIPP

„Armer Ritter" heißt eine Speise, und mancher musste sich dereinst mit ihr zufrieden geben. Es handelt sich um eine Scheibe Brot, die wird in Milch und in geschlagenes Ei getaucht und beiderseits gebraten.

Auf der Wasserburg Egeln ging es nicht so kärglich zu. Zumindest nicht im Jahr 1467. Damals wurde ein neuer Verwalter eingesetzt. Im Übergabeprotokoll wurde festgehalten, was in Küche und Keller vorhanden war: 12 Zentner und 13 Pfund Schweinefleisch, 13 Schock Bratwürste (also 780 Stück), 10 geräucherte Putenbrüste, 1 Tonne Schmalz (etwa 100 kg), 5 Spieße voll Schweinebö-

tel (Eisbein bzw. Schweinshaxe), 7 große Fässer (jeweils ca. 300 Liter) mit altem Egelner Bier, 17 Wispel Roggen (etwa 5.000 kg). Das ist nur eine Auswahl! Auf der Burg Egeln verstand man zu leben. Auf wessen Kosten, lässt sich denken.

KURZE GESCHICHTE DER BURG

Wenn ein Kaiser Taufpate ist, können sich die Eltern des Täuflings freuen. Otto I. legte dem Sohn des Markgrafen Gero die Orte Westergulun und Ostergulun, dazu ein schönes Stück Wald in die Wiege. Siegfried, der Täufling, hat das Geschenk kaum nutzen können, er starb als junger Mann auf einem Feldzug in

Der Burggraben ist nur noch teilweise mit Wasser gefüllt

WER KAM INS VERLIES?

Nicht immer nur die Bösewichte. Der Burgherr lag fast immer im Streit mit anderen Burgherren. Es ging um Land, um Getreide und Vieh, das die Bauern liefern mussten. Sie taten das, weil der Burgherr sie dafür vor den Übergriffen anderer Ritter und vor Räubern schützte. Manchmal ging es nur um die Ehre. Da hatte einer gesagt, der andere wäre nicht von so vornehmer Abstammung wie er – das genügte für eine Fehde. Wenn nun ein Dienstmann des Gegners in Gefangenschaft geriet, so wurde er durch das „Angstloch" in das Verlies heruntergelassen. Das lag fast immer ganz unten im Bergfried, dort wo die Mauer am stärksten ist und wo es weder Türen noch Fenster gibt. Heraus kam er nur gegen Lösegeld. Manchmal wurde es gezahlt, manchmal nicht. Der Unglückliche saß dann in diesem Kerker monatelang, oft auch Jahre, und manche sind darin gestorben. Ein gefangener Ritter kam nicht ins Verlies. Er gab sein Ehrenwort, nicht zu fliehen und durfte sich in der Burg ziemlich frei bewegen. Für ihn wurde immer Lösegeld bezahlt.

slawischem Gebiet. Egeln, die Orte und das bereits vorhandene Kastell, fielen an das durch Gero gegründete Damenstift Gernrode. Dahin war Siegfrieds junge Witwe Hathui als erste Äbtissin gegangen.

Das Kastell lag ungünstig, die Askanier, die inzwischen hier das Zepter in der Hand hielten, legten im 10./11. Jh. ganz in der Nähe eine neue Burg an. Sie wurde 1250 von den Edlen von Hadmersleben erobert, die sich fortan auch Herren von Egeln nannten. Unter ihnen wurden die Mauern verstärkt. Der Ort vor der Burg – Egeln – erhielt Stadt- und Marktrecht. Auf dem Platz des alten Kastells entstand das Kloster Marienstuhl, dessen Kirche heute noch bedeutend ist.

1418, nach dem Aussterben der Grafen von Hadmersleben, kam die Burg an das Magdeburger Domkapitel. Die Gottesmänner wählten sie zu ihrem Sommersitz, und das bedeutete: Umbau zu einem wohnlichen Schloss. Die Renaissancebauten, die heute noch zu sehen sind, stammen aus der Zeit des Erzbischofs Günther II. von Schwarzenburg (1403–1445). In jenen Jahren entstanden auch die Bauten in der Vorburg (Ställe, Scheunen).

Im Dreißigjährigen Krieg war Egeln zeitweilig Hauptquartier der schwedischen Armee, später wurden die Burg und das dazugehörige Tafelgut preußische Domäne. Sie war „in Schuss", wie man das damals nannte. In den Befreiungskriegen 1813 nahm General Blücher hier Quartier, die Burg bot auch der

▶ Am Haupteingang zur Burg

Königin Luise mit ihrem Hofstaat eine Herberge.

Fast alle Spuren landwirtschaftlicher Nutzung, zwischen 1445 und 1989 sind weitgehend getilgt. Das ist dem Heimatverein zu danken, der bereits 1987 gegründet wurde. Schritt für Schritt wird aus der über 800 Jahre alten Wasserburg das kulturelle Zentrum der Stadt.

RUNDGANG

Führungen beginnen in der Regel in der Vorburg. Sie ist heute kleiner als im 19. Jh., ein Teil der Wirtschaftsgebäude wurde schon vor Jahrzehnten abgerissen. Was jetzt, insbesondere linker Hand, zu sehen ist, sind ehemalige Scheunen, Tennen und Stallungen, gebaut um 1560 (heute ohne Dächer). Vom Platz aus hat man die Westseite der Burg vollständig im Blick. Der *Bergfried* prägt mit seiner barocken Haube den Gesamteindruck. Er ist 32 m hoch. In den Stockwerken gibt es Fensteröffnungen, sie stammen teilweise noch aus der Zeit um 1250. Deutlich ist der Zugang zu erkennen, der einst in gut 8 m Höhe lag. Vor der Westseite befand sich ursprünglich ein Stichgraben als zusätzlicher Schutz zum umlaufenden Hauptwassergraben. Er wurde 1648 trockengelegt, zur Sicherung der Nordseite aber eine weitere Mauer errichtet, dem fiel die Burgkapelle zum Opfer. Ihr archaisches Steinkreuz wurde in die

Am Pranger stehen war eine Strafe im Mittelalter

Außenmauer rechts neben dem Torhaus eingelassen. Links am Torhaus hat sich ein typisches Mannloch erhalten. Vom trockenen Stichgraben aus kann man nun in die Gewölbe unter dem *Palas* gelangen, sie werden zeitweise als Veranstaltungsräume genutzt. Im Palas befinden sich die Burgherberge und die Wohnung des heutigen „Burgherrn". Der Bau zeigt einen auffallend schönen Sandsteingiebel im Stil der Weserrenaissance (vorgebaut 1617, restauriert im Jahr 2000).

Einst war der *Innenhof* vollständig geschlossen, heute ist er nach Osten hin offen. Rechts erstreckt sich der *Ostflügel des Palas*, geht man in die Ecke der rechten Bastion, kann man seinen Giebel bewundern: Es ist der älteste gemauerte Sand-

136

Auf der Burg Egeln finden ganzjährig Veranstaltungen statt

steingiebel Sachsen-Anhalts. Das linke Gebäude hinter dem Torhausgang ist der *ursprünglich Palas* und nach dem Bergfried das älteste Gebäude auf der Burg. Einst lag in ihm die Gerichtsstube, denn der Burgherr war wie allgemein üblich auch der Gerichtsherr über die Orte seiner Herrschaft. Heute befinden sich im Haus Teile des Burgmuseums und ein *Atelier*. Der Maler und Grafiker Klaus Gumpert unterhält hier u. a. eine Malschule für Kinder und Erwachsene. Im *romanischen Tonnenkeller* wird gelegentlich Theater gespielt, zeitweilig ist er auch Café und Weinlokal. Eine fest etablierte Gastronomie gibt es noch nicht auf der Burg, Gastlichkeit wird dennoch groß geschrieben. Im weiten Hof finden rund um das Jahr Veranstaltungen statt: Mittelaltermärkte, Rit-

terspektakel, Oster- und Kartoffelfeuer usw.

Links in der Ecke des Hofes ist die Mauer durchbrochen. Dahinter liegt ein Brückchen über den *Hunnengraben*. Er läuft um Halbkreis um die Burg. Man kann dort entlang spazieren. Unterhalb der Mauer heißt der Pfad Königin-Luise-Rundweg. Aber vom anderen Ufer des Grabens hat man den besseren Blick auf die Mauern und Bastionen. Der Besuch des *Museums* im Torhaus, im Bergfried und einem Teil des alten Palas ist zu empfehlen. Gezeigt werden Sachzeugen aus der Geschichte Egelns und der Region, darunter interessante Funde zur Vor- und Frühgeschichte. Vom Zimmerchen unter der Turmhaube öffnet sich der Blick ins weite Land, bei gutem Wetter sieht man die Höhen des Harzes.

Wasserburg 6, 39435 Egeln
Lage: Egeln Stadtmitte, an der B 180,
22 km nördl. von Aschersleben, oder
B 81 zwischen Magdeburg und Halber-
stadt. Parken: unmittelbar in der Unter-
burg, auch für bis zu 10 Reisebusse.
Tel.: (03 92 68) 3 21 94
www.wasserburg-egeln.de
Di.–Fr. 14–16 Uhr, So. 14–17 Uhr;
Führungen nur nach Voranmeldung
(auch außerhalb der Öffnungszeiten)
Trauungen auf Burg Egeln
Standesamtliche Trauungen sind im
Museumsfoyer möglich. Anmeldung
für Feierlichkeiten im Burgtheater (Ton-
nenkeller)
Tel.: (03 92 69) 9 44 15
Burgherberge Wasserburg Egeln
Burgherberge im ehemaligen Palas:
Vier liebevoll und burgtypisch einge-
richtete Zimmer – Burgfräuleinzim-
mer, Ritterstube, Grafenzimmer und
Knechtskammer.
Wasserburg 6, 39435 Egeln
Tel.: (03 92 68) 3 08 61
www.wasserburg-egeln.de

▶ **ABSTECHER**
   KLOSTER MARIENSTUHL
Hinter einer etwa 800 m langen Mauer liegt die Klosterkirche Marienstuhl.
Sie gehörte zu einer Zisterziense-
rinnenabtei, die Otto und Jutta von
Hadmersleben 1259 gegründet und
reich ausgestattet haben. Von diesen und später hinzugekommenen
Schätzen hat sich unerwartet viel erhalten. Trotz der 1547 auch in Egeln

eingeführten Reformation wurde
das Kloster nicht aufgehoben, 1648
sicherte der Westfälische Frieden
dem Kloster Marienstuhl die weitere
Existenz zu. 1732/34 – die alte Klosterkirche war baufällig geworden –
wurde eine neue im Stil des Barock
erbaut, das Kloster aber bereits 1809
säkularisiert. In der DDR war die Kirche soweit beschädigt, dass eine Sanierung fast aussichtslos erschien.
Dennoch begann 1969 ein Versuch;
die Bauhülle war bis 1989 instand-
gesetzt, die Renovierung des Innen-
raumes konnte 2002 abgeschlossen
werden. Das Kloster ist heute wieder fast im Originalzustand zu bewundern. Schönstes, unverfälschtes
Hochbarock. Im Westteil der Kirche, hinter der Orgelempore, befindet sich ein kleines Museum. In ihm
werden kostbarste Kunstwerke gezeigt. Darunter die Egelner Madonna
(ca. 1450), eine spätgotische Plastik,
die seit Jahrhunderten Ziel von Wall-
fahrten ist, eine Pieta (um 1450), ein
Triumphkreuz (um 1330), zahlreiche
Monstranzen (18. Jh.) Gemälde, Or-
nate (Kasels) und Reliquienbehälter.
Lage: am südwestlichen Stadtrand, Ausschilderung beachten. Parken: in den
umliegenden Straßen.
Kath. Pfarramt Egeln-Marienstuhl
Mühlenstraße 8, 39435 Egeln
Tel.: (03 92 68) 27 42
www.egeln.info
Keine Öffnungszeiten, Führungen
nach Absprache

SUMPFBURG OEBISFELDE

Darauf verstand man sich im Mittelalter: Eine Burg vom Umland abzuriegeln, den Zugang zu ihr durch Wälle und Gräben, Mauern und Zwinger zu sichern, sie uneinnehmbar zu machen. Bei der Burg Oebisfelde – dem Ysfelde des 10. Jh. – kam noch hinzu: Sie wurde auf einer Sandbank der Aller erbaut, und ringsum lag das Sumpfgebiet des Drömlings.

Tausend Jahre später wurde dieser Aufwand subtiler betrieben, der Zweck aber noch sicherer erreicht. Von 1961 bis zum November 1989 lag die Stadt Oebisfelde im Sperrgebiet, das die DDR vor der ei-

gentlichen Grenze zum westlichen Deutschland, errichtet hatte. In manchem Text steht heute zu lesen: Die letzte Sperre, der sogenannte Todesstreifen, verlief unmittelbar durch den Burggraben. Das trifft nicht zu. Er zog sich am Umgehungskanal des Flüsschens Aller hin, 200 m westlich der Burg. Dieser Abstand aber änderte nichts. Burg und Stadt waren ein halbes Jahrhundert eine Terra incognita. Dass auch die Menschen in Oebisfelde kaum geglaubt haben, ihre Lage könne sich doch einmal ändern und ihre alte Burg zu neuem Leben erwachen, belegt eine Ausstellung im Gesindehaus der Burg.

Die Burg Oebisfelde wurde auf einer Sandbank der Aller errichtet

KURZE GESCHICHTE DER BURG

Wenn die Burg auf einer Sandbank der Aller und rings von Sumpf umgeben zwischen 900 und 1000 errichtet worden ist, dann müsste sie im Sinne der Burgenordnung König Heinrichs I. zunächst in Reichsbesitz gewesen sein. Das lässt sich nicht belegen. Erste, wenn auch nicht sichere Quellen gibt es aus der Zeit zwischen 1004 und 1073. Eindeutig benannt wird die Stadt im Jahr 1226 und ebenso die Burg unter ihrem Herrn Wolbertus de Ousfelde (oder Ovesveld, es gibt zwei Dutzend Schreibweisen). Die Burg Oebisfelde gehört somit zu den ältesten im Norden Sachsen-Anhalts, und sie ist heute wieder, nach hohen Investitionen und umfangreicher Sanierung, die am besten erhaltene Sumpfburg in Europa.

Burg und Stadt haben sich in seltener Harmonie gemeinsam entwickelt. Burgherr und Bürgerschaft arbeiteten zusammen, einer bedurfte der Unterstützung durch den anderen. Das geht aus der erwähnten Quelle von 1226 auch hervor. Weil diese seltene Harmonie bestand, verschmolzen schon um 1300 Burg und Stadt zu einer Einheit. Die um Burg und Stadt geleitete Aller schloss beide sicher ein. Adel und Stadtbürger verteidigten ihre „Insel" gemeinsam. Lange mit Erfolg. Erst 1547, im Schmalkaldischen Krieg, wurde sie schwer verwüstet, danach jedoch wieder aufgebaut. Im Dreißigjährigen Krieg zogen es die Bewohner vor, sich auf den verborgenen Horsten im Sumpf und Dickicht des Drömlings zu verstecken. Die Zeit der Burgen aber war vorüber. In der Sumpfburg

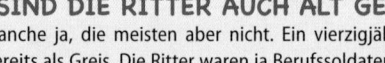

SIND DIE RITTER AUCH ALT GEWORDEN?

Manche ja, die meisten aber nicht. Ein vierzigjähriger Mann galt bereits als Greis. Die Ritter waren ja Berufssoldaten, und Krieg oder Fehde gab es oft. Schon eine kleinere Wunde konnte den Tod bedeuten, z. B. wenn Dreck hineinkam. Erst recht die großen Wunden, die vom Schwert geschlagen wurden. Mehr als den Blutstrom mit einem glühenden Eisen stillen konnte man nicht tun. Bei Infektionen oder inneren Verletzungen, zum Beispiel durch einen Pfeil verursacht, wusste man kaum Rat. Meist blieben da nur zwei Möglichkeiten: Gesundbeten oder abwarten – und Tee trinken. Gewöhnlich tat man beides. Es hat manchmal tatsächlich geholfen, denn damals kannten noch viele Menschen die Kraft der Heilkräuter, und die Ritter hatten einen festen Glauben und Gottvertrauen. Auch Grafen, Könige, selbst Kaiser sind oft jung gestorben. Feige war keiner von ihnen. Sie ritten ihren Rittern im Kampf voran und teilten mit ihnen alle Gefahren.

Oebisfelde wurde zwar noch gewohnt, dieses und jenes Haus rings um den Bergfried von wechselnden Besitzern um- und ausgebaut. Auf die Stadt und ihre Bürgerschaft hatten sie freilich keinen Einfluss mehr. 1680, mit dem Tod des sächsischen Administrators des säkularisierten Erzbistums Magdeburg, wurde Oebisfelde Immediatsstadt, d. h. sie unterstand keinem Burgherrn mehr, sondern als preußische Exklave im Braunschweigischen direkt dem brandenburgisch-preußischen Herzogtum Magdeburg. Die Burg hingegen – ein schönes Beispiel der deutschen territorialen und politischen Zerrissenheit – gehörte bis 1916 zur Domäne des Großherzogs von Hessen. Domänenwirtschaft – da waren Gräben und Wälle nur im Weg. Schon 1710 wurden sie weitgehend eingeebnet, durch einen Teil des aufgefüllten Grabens führte nun eine wichtige Heer- und Handelsstraße, die heutige B 188.

RUNDGANG

Vom Parkplatz sind es nur wenige Schritte bis in den kleinen Burghof, der einst der Hof der Kernburg war. Die niedrigen Fachwerkhäuser rechter Hand wurden im 18./19. Jh. errichtet, hier arbeiten heute städtische Verwaltungen. Linker Hand, im Prinzenhaus und dem Palas, der sich nahtlos anschließt, sind u. a. die Bibliothek und das Archiv untergebracht. Der langgestreckte Winkel-

Blick vom Bergfried in den Hof der Vorburg

bau entstand im Kern vermutlich Anfang des 13. Jh.

Beherrscht wird dieser enge Hof vom wahrscheinlich 800 Jahre alten *Bergfried*, einem 27 m hohen, sehr massiven Bau aus Bruchsteinen (8,25 x 8,25 m, Mauerstärke unten 2,50 m). Sein ursprünglicher Eingang liegt in 10 m Höhe! Der sehr tief gegründete Wehrbau ist über Jahrhunderte so stabil geblieben, dass es vor 70 Jahre möglich war, in ihm – ohne an seinem Äußeren etwas zu verändern – einen Hochwasserbehälter einzubauen (Fassungsvermögen 110.000 Liter!). Eine architektonische wie technologische Meisterleistung. Die Anlage tat bis 1973 ihren Dienst. Heute ist sie zurückgebaut. Wer die 131 Stufen zur Plattform hinaufsteigt, wird nicht nur über diesen Teil der Turmgeschichte informiert. In den Geschossen vermitteln Farbgrafiken und Waffennachbildungen, auch ein erhaltener Kamin und Lichtschlitze einen Eindruck vom Leben der Burgmannen des Mittelalters. Von der Plattform lässt sich die ganze Burganlage überschauen. Im unregelmäßigen Fünfeck (67 x 80 m) gruppieren sich die Gebäude. Fast alle zeigen bis zum First massive Bruchsteinmauern.

Kernburg und Vorburg waren ursprünglich durch eine Wehrmauer getrennt. In deren Mitte stand ein Wohnturm. Nach dem Abbruch dieser Mauer wurden links und rechts

Ausstellung von landwirtschaftlichem Gerät an der Burgmauer

des Turms wehrhafte Verbindungsbauten errichtet. Durch den rechten Bau – heute ist er weitgehend Ruine – kommt man in den Hof der Vorburg. Es empfiehlt sich, in die Mitte des Platzes zu gehen und das Ensemble auf sich wirken zu lassen. Der *Wohnturm* (9,75 x 11,5 m, frühes 13. Jh.) kommt hier gut zur Geltung. Zwar ist auch er schwer geschädigt und kann nicht betreten werden, aber seiner Fassade kann der Burgenfreund vielerlei entnehmen. Die Zahl und Höhe der Geschosse ist an den Fensterwandungen zu erkennen, in einem Fall hat sich ein spätromanisches Zwillingsfenster mit Kleeblattbögen erhalten. Bei seiner Vermauerung im 20. Jh. hat man leider die Mittelstrebe herausgeschlagen. Das Haus rechts neben dem Wohnturm musste völlig neu aufgebaut werden, es fügt sich stimmig ins Ensemble. Hier ist heute das Kulturzentrum der Stadt untergebracht, aus ihm führen Treppen in den *Palas* mit dem Rittersaal, heute ein Ort festlicher Veranstaltungen.

Rechts schließt sich das *Torhaus* an. Ursprünglich war das der einzige stadtseitige Zugang zur Burg. Außen sind die Anschläge der Zugbrücke noch kenntlich. Daneben liegt die *Burgkapelle*, auch sie ist ein gut 800 Jahre alter Bau mit hohem gotischem Gewölbe im oberen Geschoss.

Jüngstes Haus im Burggelände ist der durch seine Front beeindruckende mehrgliederige Fachwerkbau an der Ostseite. In diesem *Gesindehaus* (17. Jh.) zeigt das *Burg- und Heimatmuseum* auf vier Etagen (rund 500 m^2) seine Sammlungen. Sie sind ungewöhnlich reich und werden vorbildlich präsentiert: Keine unüberschaubare Fülle, vielmehr eine gut durchdachte Auswahl von Sachzeugen aus der Geschichte der Stadt und der Region. In den kleinen Räumen sind u. a. typische Wohnzimmer, ein Schulraum, auch historische Werkstätten eingerichtet. Ein Anziehungspunkt ist die Grenzausstellung mit originalen Sachzeugen und Modellen.

Die *Krumme Scheune* zieht sich im Bogen vom Gesindehaus bis hinüber an das Verbindungshaus vor dem Bergfried. Ihre Rückwand ist, wie die des Gesindehauses, die alte *Burgmauer* des 10. Jh. Hier sieht man sie, denn das Dach fehlt seit längerer Zeit. In der nun offenen Scheune werden landwirtschaftliche Maschinen und Geräte ausgestellt.

Besitzer der Burg ist heute die Stadt, „Lehnsmann" aber der Oebisfelder Heimatverein, der über 150 Mitglieder hat. Schwerpunkt seiner ehrenamtlichen Arbeit war und bleibt seit seiner Gründung 1992 die Burg. In ihren Mauern finden das ganze Jahr über Veranstaltungen statt: Konzerte, Mittelaltermärkte und -spektakel, Animationen und Belustigungen, Führungen, Vorträge. Das alles auch mit Blick auf Kinder und Jugendliche, auf Touristen, denen die Geschichte der Burg und der Region auf anregende, oft auch launige Art nahegebracht wird.

Lage: Autobahn A 2 (Hannover–Berlin), aus Richtung Berlin Abfahrt 61 (Helmstedt West) aus Richtung Hannover Abfahrt 59 (Königslutter) Richtung Velpke, ab Wolfsburg B 188 bis Oebisfelde. Die Burg liegt am südlichen Stadtrand.
Parken: direkt vor der Burg.
Oebisfelder Heimatverein e. V.
Heimatmuseum im Hof der Burg
Ritterstraße 9, 39646 Oebisfelde
Tel.: (03 90 02) 4 45 26
www.oebisfelde.de
1. Mai–30. Sept. So. und Feiertage 14–17.30 Uhr

APENBURG

Die Markgrafen von Brandenburg – ihnen gehörten u. a. Burg und Flecken Apenburg – führten als Wappen den gezungten roten Adler. Als Markgraf Ludwig 1351 die Familie von Schulenburg mit der noch nicht verteidigungsbereiten Burg und der Siedlung belehnte, geschah etwas Merkwürdiges. Das Wappen dieses Lehen zeigte neben einem halben gezungten roten Adler einen goldenen Affenrumpf, mit rotem Halsband und goldenem Ring! Ein Affe war im 14. Jh. in der Altmark wahrscheinlich nicht bekannt. Oder hatte ein Kreuzritter ein solches Tier mitgebracht? Eine mögliche Antwort lautet: Die von Schulenburg hatten dem Markgrafen die Wahrheit gesagt und ihm damit auch wertvolle (weil verwertbare) Ratschläge gegeben. Steht der Affe als Symbol für uneigennützigen Dienst? Ausgeschlossen ist das nicht. Ein goldener, grinsender Affe im Wappenschild. Bleibt die Frage: Warum haben die von Schulenburg diesen Affen nur in Apenburg geführt? Ansonsten zeigen sie stets drei Greifenklauen. Ein rechtes Futter für Gelehrtenstreit.

KURZE GESCHICHTE DER BURG

Von der ersten Burg (um 1000 gebaut), gibt es nur Bodenspuren. Sie gehörte dem Adelsgeschlecht von Apenborch; das 1343 in einer Fehde unterging. Sein Stammsitz wurde völlig zerstört. Ein fester, wehrhafter Platz an der Kreuzung der wichtigen Heer- und Handelsstraßen zwischen Salzwedel und Gardelegen, Braunschweig und Osterburg war aber unverzichtbar. Deshalb wurde sofort, nur hundert Meter westlich auf einem extra aufgeschütteten Hügel im Sumpf, mit dem Bau einer neuen Burg begonnen. Ab 1351 führten dabei die von Schulenburg das Zepter. 1363 war der Bau vollendet, und allmählich wuchs die Stadt zu seinen Füßen.

1402 erhielt Apenburg offiziell das Stadtrecht, sank aber dennoch rasch in seiner Bedeutung. Der Dreißigjährige Krieg brachte auch hier starke Zerstörungen, ab 1648, dem Jahr des Friedensschlusses, verfiel die Burg. Die von Schulenburg residierten auf ihren anderen Besitzungen, blieben aber bis 1815 Patronatsherren.

Apenburg ist keine Stadt mehr, seit 2009 gibt es den neu gebildeten Flecken Apenburg-Winterfeld.

RUNDGANG

Seit 1648 verfiel die Burg. Sehenswertes hat sich aber hinter den noch immer standfesten, gut 6 m hohen Feldsteinmauern doch erhalten. Durch das *Tor* an der Nordseite betritt man den *Hof*, ein Geviert von ca. 50 x 50 m. Viel Raum ist das nicht, ursprünglich nahm die Burg erheblich mehr Raum ein. 1572 – durch die stets steigende Durchschlagskraft der „Kriegsmaschinen" war auch die Apenburg stark gefährdet – wurde die Anlage auf das Notwendigste reduziert.

Der Hof ist nicht gepflastert. Von den Mauern fällt das Gelände zur Mitte ab. Hier wächst, vermutlich an der Stelle des ehemaligen Burgbrunnens, eine starke Eiche. An drei Seiten stehen *Grabsteine* dicht an den Mauern. Die Familie von Schulenburg ist vor rund hundertfünfzig Jahren zu ihren Wurzeln zurückgekehrt. Nachdem viele dieses Stammes in der Apenburger Kirche St. Johannis Baptistae beigesetzt wurden (Epitaphe des 16.–18. Jh. haben sich erhalten), werden Schulenburgs hier wieder beigesetzt. Für die Zeremonie wurde im Burghof eine *Kapelle* im neogotischem Stil errichtet (1840/41) Dafür musste der dreistöckige Palas weichen, ebenso die bis dahin vorhandenen Wirtschaftsgebäude. Mit ihren Trümmern wurde u. a. der Burggraben verfüllt und der umliegende Sumpf trockengelegt. In der Kapelle finden heute auch Trauungen statt und vor ihr auch weltliche Eheschließungen.

Der *Bergfried* aber blieb und wurde saniert. Schon 1584 war er mit Material aus der 1343 zerstörten alten

Die Apenburg wird auch Alte Burg genannt

Der imposante Bergfried

Burg umgebaut und wesentlich er-höht worden, von einst nur 11 m auf etwa 27 m. Der Eingang befindet sich heute zu ebener Erde auf der Westseite, einst lag er an der Süd-seite und, wie allgemein üblich, we-sentlich höher.

Im Eingangsbereich, er führt nun durch das ehemalige Verlies, ist der Aufbau der Mauern gut einsehbar: außen eine Ziegelverblendung, in-nen Feldsteine, vergossen mit einer Lehm-Kalk-Mischung. Enge Trep-pen führen hinauf zur Plattform, einem schmalen Umgang zwi-schen den Zinnen und dem Spitz-kegel des Helms. Aus etwa 30 m Höhe reicht der Blick weit ins Land. Die einzelnen Stockwerke – hier werden die Räume aufgrund der abnehmenden Mauerstärke all-mählich größer – weisen noch die originalen Schießscharten auf. At-traktion ist ein voll funktionssiche-rer Aborterker.

Die Apenburg gehört heute der Ge-meinde. Betreut wird sie im Ehren-amt von den rund zehn Mitgliedern der Burg-AG, die sich bereits in der DDR gegründet hat. Sie organisiert u. a. auch die alljährlichen Burgfes-te, die aber nicht in der Burg, son-dern im Gelände vor den alten Mau-ern stattfinden.

Lage: 20 km südl. von Salzwedel, B 71 Richtung Gardelegen, in Chelnitz rechts abbiegen, ca. 3 km bis zum Flecken Apenburg-Winterfeld. Die Burg liegt am Westrand des Ortes. Parken: direkt vor der Burg.

Tel.: (03 90 01) 5 30 • 5 13 (Mitglieder der Burg-AG) • Tel.: (03 90 01) 2 21 (Ge-meindebüro, nur Do. Nachmittag)

www.apenburg.de

An den Wochenenden geöffnet, Besuch mit Voranmeldung fast jeder-zeit möglich

EXTRATIPP: In Apenburg be-steht die seltene Gelegenheit, ein Burgwächterdiplom zu erwerben. Dazu müssen allerdings mehrere Fragen beantwortet werden. Eini-ge davon sind leicht, andere sind schwieriger, aber wer sich aufmerk-sam umschaut, der wird bald wis-sen, wie alt die Apenburg ist oder wer an der Burgmauer begraben liegt.

SCHLIEF EIN RITTER AUCH IN SEINER RÜSTUNG, UND WIE HAT ER SICH DA WASCHEN KÖNNEN?

Schlafen kann man nicht in einer Rüstung und sich waschen auch nicht. Die Rüstung wurde also nicht ständig getragen. Dennoch, gewaschen wurde sich selten. Wasser war stets knapp, besonders auf den Höhenburgen, die auf steilen Felsen oder Bergen lagen. Einen Brunnenschacht durch den Felsen bis zu einer Quelle treiben, oft hundert Meter in die Tiefe, das war schwer und teuer, es kostete oft so viel wie der Bau der ganzen Burg. Also gab es meist nur eine Zisterne, eine ausgemauerte Grube für das Regenwasser. Damit musste gekocht und gebraut werden, die Pferde, die Ziegen und Schafe brauchten Trinkwasser, es musste auch etwas für das Löschen von Bränden übrigbleiben. Waschen? Es gab auf der Burg meist nur Holzfässer, erst im 15. Jh. eventuell auch ein Badehaus. Wenn genug Wasser da war, wurde es heiß gemacht. Die Mägde haben dann den Ritter und seine Kriegsknechte abgeschrubbt. Das hat bestimmt Spaß gemacht.

EXTRATIPP: **ABSTECHER ZUR BURGRUINE UND ZUM LAND-SCHAFTSPARK BEETZENDORF**

Wann die Burg Beetzendorf erbaut wurde, ist offen. Albrecht der Bär hatte die Nordmark 1134 als Reichslehen erhalten und sofort mit dem Bau starker Burgen begonnen. Ob Beetzendorf zu ihnen gehörte, ist nicht geklärt. Sicher ist: Die Beetzenburg war eine der stärksten in der Altmark. Der Dreißigjährige Krieg zerstörte auch diese gewaltige Anlage.

Sichtbar sind noch Teile der *Toranlage*, u. a. der westliche Torpfeiler, an dem noch Schießscharten und das Wappen derer von Schulenburg zu sehen sind. Der *Wohnturm* auf dem Gelände der alten Kernburg (2. Drittel des 13. Jh.) ist stark verwittert; er kann nicht betreten werden. Dennoch ist er von einem Reiz,

dem man sich nur schwer entziehen kann.

Die Schlossherren schufen ab 1750 einen weitläufigen *Park*. Hier stehen seltene Gehölze (u. a. Riesen-Lebensbaum, Urwelt-Mammutbaum, Katsurabaum). Die Sumpfzypressenallee ist nach Aussagen maßgeblicher Dendrologen einzigartig in Europa.

Lage: 7 km westlich von Apenburg an der Kreisstraße Richtung B 248. Parken: vor der Burg (Zufahrt Beverhotel).

Anlagen jederzeit frei zugänglich

Park-Restaurant Beverhotel

Hotel im ehemaligen Herrenhaus in der Parkanlage mit Restaurant (deutsch-italienische Küche), Terrasse und Biergarten.

Beverhol 6 a, 38489 Beetzendorf

Tel.: (03 90 00) 5 13 30

www.beverhotel.de

Restaurant: Mo., Mi.–Fr. 11–14/17–23 Uhr, Sa. 17–23 Uhr, So. 11–22 Uhr

BURG KALBE

Zu einer richtigen Burg gehört auch ein verschwundener Schatz. Auf der gar nicht so großen Burginsel soll einer verborgen sein. Vielleicht liegt er im Wassergraben, vielleicht ist er irgendwo eingemauert. Es ist kein kleiner Schatz. Die Angaben schwanken, von 84.000 Gulden bis 116.300 Goldgulden ist die Rede.

Den Schatz soll es tatsächlich geben! Das ist jahrhundertealten und einigermaßen glaubhaften Dokumenten zu entnehmen, die sich im Archiv der Familie von Alvensleben befinden. Diese hatte über Jahrhunderte die Burgherrschaft inne, und sie besaß noch etwas mehr, die Stadt Kalbe und 21 Dörfer in der Umgebung.

Friedrich der Große hat 1746 gründliche Nachforschungen anstellen lassen. Ohne Ergebnisse. Später wurde auch gesucht. Niemand hat etwas gefunden. Der Schatz ist also noch da. Aber wo liegt er?

KURZE GESCHICHTE DER BURG

Burg Calbe – so wurden Befestigung und Stadt bis 1952 geschrieben – ist keine Wasserburg, wie oft zu lesen ist. Es handelt sich um eine Niederungsburg, denn ihre Wassergräben wurden künstlich angelegt. Die erste Burg entstand im frühen 10. Jh. als sächsische Grenzfestung, wohl auf den Resten einer slawischen Anlage. Zugleich sollte sie das Nonnenkloster Calva schützen,

Blick auf die Burginsel von Kalbe

WAS WAR EIN KNAPPE?

Knappe durfte nur der Sohn eines Ritters werden. Mit sieben Jahren kam er als Page in die Lehre zu einem auswärtigen Ritter. Der brachte ihm alles Wichtige bei, zum Beispiel wie man die Waffen und die Rüstung in Schuss hält. Er musste lernen, wie er seinem Herrn helfen konnte, die schwere Rüstung anzulegen. Er hielt ihm den Steigbügel und half ihm aufs Pferd, denn allein konnte der schwer gerüstete Ritter nicht in den Sattel kommen. Zur Ausbildung gehörte auch das Erlernen der lateinischen und der französischen Sprache.

Ab dem 12. Lebensjahr hieß der Knabe Knappe. Er musste ständig seine Muskeln stärken und seine Geschicklichkeit trainieren. Sport wurde groß geschrieben: Reiten, Turnen, Schwimmen, mit dem Schwert kämpfen, den Schild und die Lanze richtig führen, auf die Jagd gehen und an Turnieren teilnehmen. Er musste auch Tanzen können und sich anständig benehmen. Es war eine lange Lehrzeit. Erst mit 21 Jahren konnte er Ritter werden. Dann bekam er von seinem Herrn feierlich ein Schwert verliehen und Sporen an die Stiefel. Das Sprichwort gibt es noch heute: „Er hat sich seine ersten Sporen verdient."

von dem Thietmar von Merseburg berichtet. Das Kloster wurde zwar 983 von den Slawen zerstört, obwohl die Nonne Oda, eine Tochter des Dietrich von Haldensleben (zu dieser Zeit Markgraf der Nordmark), 979 den Polenherzog Mieszko, den späteren Gründer des polnischen Staates, geheiratet hatte. Die Burg aber hielt stand.

Die noch heute erhaltene „Insel" mit der Kernburg im Zentrum hat einen Durchmesser von 180 m. Das ist nicht viel, aber sie besaß vier Vorburgen sowie mehrere Wälle und Gräben bis unmittelbar an die Milde, die in zwei Armen vorbeifließt: insgesamt ein Radius von etwa 800 m.

In der Historiografie taucht Calbe 1196 auf. Damals übereigneten die Markgrafen von Brandenburg u. a. Calbe an das Erzbistum Magdeburg. 1207 wird ein edelfreier Insasse der Burg erwähnt. Er nannte sich von Kalben. 1324 erwarben die Ritter von Alvensleben die Burg, die Stadt und Dörfer in der Umgebung. Mehr als 700 Jahre (bis 1945) blieb die Burg im Besitz der weitverzweigten Familie.

Die Burg wurde bei mittelalterlichen Adelsfehden mehrfach zerstört, doch immer wieder aufgebaut. 1626 besetzten sie dänische Truppen, ihnen folgten im schnellen Wechsel die Heerhaufen fast aller am Dreißigjährigen Krieg beteiligten Parteien. Burg Calbe wurde ein Stützpunkt räuberischer Kriegsvölker, die von ihr aus zu Plünderungen und Brandschatzungen ins Umland aufbrachen. Kurfürst Georg Wilhelm von Brandenburg befahl daher 1632, die Burg zu schleifen. Das wirkte. In Calbe war nichts mehr zu holen, Stadt und Umgebung konnten aufatmen. An den Aufbau der Burg wurde hin und wieder gedacht, ausgeführt wurde nichts, erste Sicherungsarbeiten fanden 1903 statt, sie wurden 1955, 1982–1985 und 1991 fortgesetzt und sind vorerst abgeschlossen.

RUNDGANG

Anstelle einer Zugbrücke ermöglicht heute ein gepflasterter Damm über den Graben den Zugang zum Burggelände. Unmittelbar dahinter steht das *Alte Wachhaus*. Das erst 1584 errichtete Gebäude war wahrscheinlich ein Siechenhaus vor dem Inneren Tor. Seit über 20 Jahren ist hier das *Heimatmuseum* untergebracht. Gezeigt werden u. a. Bodenfunde aus der Umgebung und eine Sammlung alter Hausgeräte. Storchenfreunde können sich über das Leben Adebars informieren, denn Störche nisten regelmäßig in der Burgruine. Eine Dauerausstellung ist dem Leben und Wirken des Prähistorikers und Pädagogen Johann Friedrich Danneil gewidmet, der 1783 in Kalbe geboren wurde.

Unmittelbar hinter dem Wachhaus haben links und rechts des Weges ein paar Meter der ursprünglichen Mauern überdauert (Feldsteine mit Backsteinanteil). Sie gehören zur mittelalterlichen *Toranlage*. Aus ihren Schießscharten konnte der inzwischen eingeebnete und begrünte Zwinger bestrichen werden.

Der Weg führt direkt auf den Turm zu, der oft, aber zu Unrecht als Bergfried bezeichnet wird. Es ist ein achteckiger *Treppenturm* von nur 2,50 m Durchmesser. Von ihm aus konnte man die oberen Geschosse des hinter ihm liegenden Hauses betreten. Heute dient er als Aussichtsturm. Vom Haus hinter dem Turm blieben im Erdgeschoss die Außenmauern der kleinen gotischen *Kapelle Zum heiligen Kreuz* (um 1240) stehen (8,84 x 6,15 m, Feld-, Bruch- und Backstein). Der Innenraum kann nicht betreten werden, ist aber einsehbar.

Gegenüber der Kapelle sind die grasbewachsenen Gewölbekuppeln mehrerer Keller zu erkennen, die sich unter dem gesamten Burggelände befinden; einige werden noch heute von den Mietern benutzt, die in den ehemaligen Landarbeiterkaten (18. Jh.) hinter ihnen wohnen. Die Häuser im Halbkreis stehen etwa im Rund der verschwundenen inneren Burgmauer.

Wesentliche Dominante im Gelände ist die Ruine des einst dreistöckigen *Palas* (1472, 1583–1597 erneuert). Von ihm steht der hohe Westgiebel. Ursprünglich, wie der gesamte Pa-

▶ Burg Kalbe: Reste des Palas

BACKSTEINARCHITEKTUR IN DER ALTMARK

In der Altmark gibt es reiche Lehm- und Schlickvorkommen. Deshalb fand neben dem Feldsteinbau die Backsteinarchitektur weite Verbreitung, besonders beim Bau von Burgen, Klöstern und Kirchen. Die Burgen von Tangermünde, Apenburg und Beetzenburg sind ganz oder teilweise aus rotem Backstein erbaut worden. Mit einer Standzeit von über 1.000 Jahren hat er seine Eignung erwiesen.

Technologie des Mittelalters: Lehm wurde im Herbst in dünnen Schichten abgestochen, ausgebreitet und über den Winter im Freien belassen. Das führte zum Ausfrieren schädlicher Substanzen (Humus, Salpeter, Kalk). Im Frühjahr wurde die Masse durchgeknetet und zu „Kuchen" grob geformt, nach weiterer Trocknung in Holzformen gepresst, herausgeschlagen und geglättet (Feinbearbeitung). Nochmalige Trocknung führte zu weiterer Reduzierung des Volumens. Gebrannt wurde in Feldöfen. Sie wurden mit Torf und Holz beheizt. „Schmauchfeuer" (2–3 Tage bei niedriger Temperatur), „Mittelfeuer" (2–3 Tage) und „Vollfeuer" (2–3 Tage bei 800–1.000 Grad) sorgten für die völlige Durchglühung der Steine. Die Abkühlung erfolgte im zugemauerten Ofen und dauerte mehrere Tage. Ein Feldbrandofen lieferte etwa 1.000 bis 1.200 Steine. Ein Drittel war von guter Qualität (für Außenmauern, Friese, Portale), zwei Drittel wurden als Füllwerk genutzt.

Ziegelsteine machten den Großteil der Produktion aus. Ab dem 13. Jh. wurden aber auch verstärkt Dachziegel, Ziegelfliesen und -platten, sowie Baukeramiken hergestellt; sie kamen im Prinzip aber nur beim Bau von Kirchen und Klöstern zum Einsatz. Bei der Errichtung von Burgen verzichtete man (bis auf die Ausgestaltung der Kapelle) weitgehend auf Bauzier.

(Nach Informationen und Demonstrationsobjekten im Klostermuseum Jerichow)

las, ganz aus Feldsteinen erbaut, erhielt er im frühen 17. Jh. im oberen Bereich Backsteinarkaden in einer Stilmischung aus altmärkischer Backsteinarchitektur und Weserrenaissance. Eine Inschriftentafel an der Innenseite erinnert an die Bausicherungsmaßnahmen 1903 durch Gebhard Nikolaus von Alvensleben. Vom Innenraum aus ist anhand von Konsolsteinen die ehemalige Geschosshöhe nachvollziehbar, und an der enorm starken Mauerung kann man erkennen, dass auch der Palas eine Wehrfunktion erfüllen sollte.

Lage: Von der B 71 zwischen Salzwedel und Gardelegen in Kakerbeck oder Wiepke abbiegen, auf untergeordneten Straßen jeweils ca. 8 km bis Kalbe. Die Burg liegt am nordöstl. Stadtrand. Parken: an der Stendaler Straße.
Touristeninformation Kalbe
Schulstraße 11
Tel.: (03 90 80) 9 71 22
www.tourismus-kalbe.de
Burggelände frei zugänglich. Altes Wachhaus und Turmbesteigung: Mo. 15–16 Uhr, Mi. 15–16.30 Uhr, jeden 1. u. 3. Sa. 14–15.30 Uhr, sowie nach Anmeldung

BURG TANGERMÜNDE

Als Karl IV., der bedeutendste Kaiser des Spätmittelalters, 1373 Tangermünde besuchte, residierte er auf der Alten Burg. Er erkannte die strategisch ausgezeichnete Lage der Burg und wusste: Von hier aus wäre der Norden seines Reiches besser zu regieren und zu kontrollieren. Er beschloss, Tangermünde neben Prag zu seiner zweiten Hauptstadt zu machen. Das wäre auch geschehen, mit allen Konsequenzen. Karl aber starb bereits drei Jahre später. So ist es bei den Plänen geblieben. Tangermünde nennt sich dennoch heute nicht nur Hansestadt, sondern auch Kaiserstadt und tut viel dafür, dass die entsprechenden Erwartungen erfüllt werden. Es gibt im norddeutschen Raum nur wenige Städte, die ihr historisches Flair so eindrucksvoll bewahrt haben. Hunderte Fachwerkhäuser und typisch altmärkische Backsteinarchitektur liegen hinter einer fast vollständig erhaltenen Stadtmauer (14. Jh.). Dazu kommt eine Burganlage mit mittelalterlichen Bauten.

In der Parkanlage der Vorburg steht das Standbild Karls IV. Der Kaiser hält ein Buch in der Hand. Es ist das berühmte Landbuch der Mark Brandenburg aus dem Jahr 1375, das hier entstanden sein soll. Nachdenklich schaut er auf die Elbe, die die Wasser der Moldau mit sich führt.

Blick zur Burg Tangermünde mit dem Gefängnisturm (l.) und dem Kapitelturm

KURZE GESCHICHTE DER BURG

Thietmar von Merseburg erzählt 1009 in seiner Chronik, dass wenige Jahre zuvor „der Feind von Tongeremuthi, so benannt, weil der Fluss Tonger dort in die Elbe mündet" hergeritten sei und dass es ein Gefecht zwischen Deutschen und Slawen gegeben habe. Das ist die erste Erwähnung der Burg Tangermünde, die zu dieser Zeit als Burgwardhauptort wohl schon hundert Jahre das Reich gegen die Slawen sicherte. Die Stadt selbst wird erst 100 Jahre später erwähnt, aber sie wuchs rasch. Ab 1134 war Albrecht der Bär Landesherr der Nordmark, und die Askanier blieben es bis 1308. In dieser Zeit wurden auch von Tangermünde aus Heerzüge in Richtung Osten unternommen, um neues Land für das Reich zu gewinnen. Von Beginn des 14. Jh. bis in die Mitte des 15. Jh. residierten die Markgrafen und späteren Kurfürsten von Brandenburg

> Kaiserstadt auf goldnem Hügel,
> Heilig noch mit Wall und Wehr,
> Wie des Himmels reiner Spiegel,
> Glänzt du überm Wasser her!
>
> Ja, du glänzt wie Gottes Treue!
> Deiner Kirchen Pracht und Schein,
> Deines Himmels ew'ge Bläue
> Strahlst du mir ins Herz hinein!
>
> Peter Huchel (1903–1981) im Hörspiel „Margarethe Minde" (1935)

in Tangermünde. Als Kaiser Karl IV. 1373 die Mark Brandenburg erwarb, hatte sich die deutsche Macht im Osten bereits gefestigt. Herrschaftsmittelpunkt war noch immer die Burg über der Elbe und der Tanger. Hier fanden glanzvolle Ereignisse statt. Zum großen Hoftag 1374 erschienen außer Kaiser Karl IV. zwei Kurfürsten, zwei Erzbischöfe, sieben Bischöfe und acht Herzöge. Auf diesem Hoftag wurde auch die Erbeinigung der Mark mit dem Königreich Böhmen vollzogen. Kurfürst Friedrich II. von Brandenburg wurde in der Burg von Tangermünde geboren. Doch ab 1451 verlegte er seine Residenz in das Schloss in Cölln an der Spree (Berlin) – mit allen Folgen für die Burg Tangermünde. Nicht für die Stadt, die meist im Widerspruch zur Adelsherrschaft stand und schon 1368 Mitglied der Hanse geworden war. In der Burg saßen jetzt nur noch Verwaltungen des Landesherrn.

Der Dreißigjährige Krieg führte auch in Tangermünde zu schweren Verwüstungen. Hier lag 14 Mal das Hauptquartier der unterschiedlichsten Kriegsparteien. Die Stadt hat sich davon erholt, die Burg nicht mehr. In den verbliebenen Bauten saßen bis 1869 brandenburgisch-preußische Ämter. Erst Kaiser Wilhelm II. entdeckte Tangermünde wieder. Unter seiner Regierung begann die Sicherung und Rekonstruktion der verbliebenen Gebäude. Der Letzte der

Der Kapitelturm (Wohn- und Wachturm) der Burg Tangermünde

Hohenzollern auf dem Thron war es auch, der den Bürgern Tangermündes im Jahr 1900 das Denkmal des Luxemburgers Karl IV. stiftete.

RUNDGANG

Um die Geschichte der Burg besser zu verstehen, ist es sinnvoll, zuerst das *Burgmuseum* zu besuchen. Es ist im ältesten Haus der Stadt (1543), vor dem Burgtor, untergebracht. In den Räumen wird die Geschichte der Burg anschaulich dargestellt. Dazu kommen auf der Burg ausgestellte Urkunden, Rechts- und Sakralzeugnisse. Ein wichtiges Exponat ist die Altarplatte aus der vollständig zerstörten Schlosskapelle St. Johannis. Dieses Gotteshaus gehörte zur Stiftung des reich ausgestatteten Augustiner-Chorherrenstiftes auf der

Burg durch Karl IV. In einem historischen Gewölbekeller und einem modernen Glasbau vor dem Haus werden Wechselausstellungen gezeigt.

Burgmuseum
Schlossfreiheit 5, 39590 Tangermünde
Tel.: (0 39 22) 9 28 44
www.tangermuende.de
April–Okt. Di.–So. 10–17 Uhr

Die mehrgliedrige *Toranlage*, wie alle Bauten auf der Burg aus rotem Backstein, ist über die Jahrhunderte der einzige Zugang zur Burg geblieben. In der Mauerflucht liegt das älteste Tor. Seine Grundsubstanz stammt aus dem 14. Jh., das äußere Tor und die zu ihm führenden hohen Mauern sind im 15. Jh. erbaut worden. Links, unmittelbar im Mauerverbund, steht der *Gefängnisturm*. Er wurde ebenfalls im 15. Jh. errichtet und sollte die Verteidigung der West- und Nordseite stärken, als Gefängnis diente er erstmals im 18. Jh. Rechts, an der Stelle des ehemaligen Tores zur Kernburg, befindet sich heute ein einfacher, historisierender Eingang. Er führt direkt auf das *Schlosshotel* zu (Gebäude: Grundsubstanz 17. Jh.). Aus dessen Räumen und von den Terrassen hat man einen Blick über die Tanger, den Hafen und die Elbwiesen. Gleich rechts und das Gelände dominierend, liegt die *Alte Kanzlei* mit prachtvoller Ostfront und nicht minder reich gestalteten Giebeln. Auch dieser Backsteinbau entstand im 14. Jh. Allerdings wurde er mehrfach umgebaut. Heute ist er ein repräsentativer Ort für festliche Veranstaltungen. Über seinem Eingang steht „Alte Kanzlei – Tanzhaus – Kaiser Karl IV." Auch im *Gelände der Vorburg* (etwa 150 x 115 m) finden sich Bauzeugen des Spätmittelalters. Die *Ringmauer an der Nordseite* hat an vielen Stellen noch ihre ursprüngliche Höhe und originale Mauerung. Vorbei an den Denkmälern für Karl IV. und dem ersten Hohenzollernfürsten, Friedrich I., kommt man zum imposantesten Bauwerk der Burg.

Der *Kapitelturm* (50 m hoch) ist das Wahrzeichen der Stadt. Er ist kein Bergfried – seine geringe Wandstärke (ca. 1 m) schließt dies aus –, sondern ein Wohnturm des Hochmittelalters. In fünf Stockwerken über der Grundfläche (9,80 x 6,70 m) haben sich im 3. Geschoss Reste von Wandmalereien erhalten (1. Hälfte 15. Jh.) und im 4. Geschoss ein Kaminzug. Aus den Klappluken im 5. Geschoss bietet sich zu allen Jahreszeiten ein schöner Blick über die Elblandschaft und Tangermünde.

Auch der Kapitelturm wurde im Dreißigjährigen Krieg stark beschädigt. Erst 1882 begann seine Sanierung. Das älteste bekannte Bild der Burg, ein Stich Matthäus Merians von 1630, lieferte die Vorlage, ihm 1903 sein Walmdach wieder aufzusetzen.

Lage: 80 km nördl. v. Magdeburg, direkt an der Elbe. B 189 Richtung Stendal, in Lüderitz rechts ab, ca. 12 km. Parken: vor der Burg oder an der Hafenpromenade

Die Alte Kanzlei

Burggelände unbegrenzt zugänglich. **Kapitelturm: Besichtigung nur in Begleitung eines Führers. Mai–Okt. tgl. 10.30/11/14/14.30/15 Uhr, Nov.–April Di.–So. 14.00 Uhr, jeweils 30 Minuten. Zusätzlich im Rahmen von Stadt- und Burgführungen**

Tangermünder Tourismus-Büro
Markt 2, 39590 Tangermünde
Tel.: (03 93 22) 2 23 93
www.tourismus-tangermuende.de
Ringhotel Schloss Tangermünde
Auf der Burg, Amt 1
39590 Tangermünde
Tel.: (03 93 22) 73 73
www.schloss-tangermuende.de
Restaurant: Frühstück: Mo.–Fr. ab 6.15 Uhr, Sa./So. u. Feiertage ab 7 Uhr, ab 10 Uhr Kuchenangebot, warme Küche Mo.–Fr. 17.30–22 Uhr, Sa./So. u. Feiertage durchgehend

▶ ABSTECHER STADTRUNDGANG TANGERMÜNDE

Empfohlen wird die Besichtung der *St.-Stephans-Kirche* (ursprünglich romanische Backstein-Basilika, weiterer Ausbau ab 14. Jh.). Im *Rathaus* (1430) befindet sich das Heimatmuseum. Davor steht das *Denkmal für Grete Minde*, eine Figur der Stadtgeschichte, deren Schicksal in literarischen Werken (u. a. Theodor Fontane) nachgestaltet wurde. Durch die Lange Straße und das *Neustädter Tor* (15. Jh.) kommt man auf die *Hafenpromenade* und zu den Parkplätzen.

EXTRATIPP: ABSTECHER ZUM KLOSTER JERICHOW

Das Prämonstratenserstift (1144–1552) ist der bedeutendste romanische Backsteinbau in Norddeutschland und weitgehend erhalten. Hier finden sich beispielhafte Meisterleistungen mittelalterlicher Kunst: Pfeiler mit reich verzierten Kapitellen und Kämpferplatten, auch Reste von Wandmalereien. Im Domitorium informiert eine Ausstellung über die Kloster- und Baugeschichte.

Lage: 12 km südöstl. von Tangermünde. Auf der B 188 über die Elbbrücke, B 107 bis Jerichow, Kloster am Ortseingang.
Parken: direkt am Kloster.
Stiftung Kloster Jerichow, Am Kloster 1
39319 Jerichow
Tel.: (03 93 43) 2 85 • 9 26 60
www.stiftung-kloster-jerichow.de
April–Okt. tgl. 9–18 Uhr, Nov.–März Di.–So. 10–16 Uhr

Der *Klostergarten* zeigt „vernachlässigte Nützlinge" und „vergessene Pflanzen" in ihrer ganzen Vielfalt. Bei Führungen und in einem Lädchen werden deren Verwendung in der Heilkunde und der Volksküche erläutert. Ein kleines Café hält auch preiswerte Imbisse bereit.

Klostergarten Jerichow, Am Gut 1
39319 Jerichow
Tel.: (03 93 43) 2 85
www.klostergarten-jerichow.de
Ganzjährig frei zugänglich. Führungen April–Ende Okt. Tgl. 11 und 15 Uhr

ÜBERNACHTUNGS-TIPPS

BEVERHOTEL ***

€€ Das Hotel mit 10 kleinen, einfachen Zimmern liegt unmittelbar am Park mit der Ruine der Wasserburg Beetzendorf.
Beverhol 6 a, 38489 Beetzendorf
Tel.: (03 90 00) 5 13 30
www.beverhotel.de

BURGHERBERGE EGELN ****

€€–€€€ Die Herberge im Oberge-schoss des ehemaligen Herrenhauses (Palas) hält 4 unterschiedliche Themen-zimmer (Burgfräulein, Ritterstube, Gra-fenzimmer, Knechtskammer) mit rusti-kaler Einrichtung bereit.
Wasserburg 6, 39435 Egeln
Tel.: (03 92 68) 3 08 61
burgherberge-egeln@freenet.de
www.wasserburg-egeln.de

HOTEL WASSERBURG ZU GOMMERN ****

€€€€€ Auf dem Gelände der Wall-burg, in ruhiger Lage, befindet sich das Hotel mit historischem Flair. Die Zimmer sind historisch-antik eingerichtet.
Walther-Rathenau-Straße 9–10

39245 Gommern
Tel.: (03 92 00) 7 88 50
info@wasserburg-zu-gommern.de
www.wasserburg-zu-gommern.de

HOTEL HILDEBRANDT

€€€ Kleine, gemütliche Zimmer, zum Teil mit Dachschräge, die nach dem übli-chen Standard eingerichtet sind.
Bauernende 12, 39646 Oebisfelde/
OT Breitenrode
Tel.: (03 90 02) 4 25 95
hotelhildebrandt@web.de
www.hotelhildebrandt.de

HOTEL SCHLOSS TANGERMÜNDE ****

€€€€€ 34 Zimmer in luxuriöser Aus-stattung werden den gehobenen Ansprü-chen gerecht. Extras: Wellnessbereich mit Schwimmbad, Sauna, röm. Dampfbad, Kosmetik- und Massageräumen.
Auf der Burg, Amt 1, 39590 Tangermünde
Tel.: (03 93 22) 73 73
www.schloss-tangermuende.de

HOTEL BURG WANZLEBEN

€€€€–€€€€€ Die Zimmer und Sui-ten sind untergebracht in der alten Mei-erei, im Herrenhaus und im historischen Pferdestall der Burg.
Am Amt 1, 39164 Wanzleben
Tel.: (03 92 09) 6 01 40
info@burgwanzleben.com
www.burgwanzleben.com

WEITERE BURGEN UND BURGRUINEN

BIRKENFELD

Ruine. Erhalten: Reste eines Wohnturms und von Gebäuden. Burg erbaut: 13. Jh. Gut zu erwandern, schöne Aussicht. Lage: westl. des Ortes auf einer Höhe, hinter dem Schützenhaus
LK Harz, 38889 Elbingerode/OT Rübeland
Frei zugänglich

FLECHTINGEN

Wasserburg. Weitgehend erhalten. Quadratische Kernburg mit Palas, Wirt-

▲ Die Wasserburg Flechtingen

schaftsgebäuden, Ringmauer, Bergfried (H 35 m, Ø 8 x 9,2 m, Mauerstärke 3 m). Burg erbaut: 13. Jh., Umbauten 15./16. Jh. 1860/97 neugotisch verändert. Weiträumiger Landschaftspark.
LK Börde
Lindenplatz 7, 39345 Flechtingen
Nur Außenbesichtigung möglich

GOMMERN

Burg. Erhalten: Bergfried (H. 40 m, Mauerstärke 3,20 m). Burg erbaut: 948, 1578 bis auf den Bergfried abgebrochen, Neubau 1578/79. 1992–1998 Um-

bau. Nutzung: Hotel.
Lage: südöstl. der Stadt auf einem Hügel
LK Jerichower Land, 39245 Gommern
www.gommern.de
Gelände frei zugänglich
Hotel Wasserburg zu Gommern
(s. S. 158)
Trauungen auf der Burg
www.wasserburg-gommern.de

GRASBURG

Ruine. Erhalten: Reste der Burgkirche,
des Burgwalls und des Wassergrabens.
Burg erbaut: 13. Jh., aufgegeben Anfang
15. Jh. Gut zu erwandern, mit Kindern
wird wegen Steilabbrüchen zu besonderer Vorsicht geraten.
Lage: im Wald, 800 m westl. des Ortes
LK Mansfeld-Südharz
06548 Rottleberode
Frei zugänglich

HEINRICHSBURG

Ruine. Erhalten: Reste eines Bergfrieds,
einiger Gebäude und des Burgbrunnens. Burg erbaut: 13. Jh., geschleift
1344 (Raubritterburg).
Lage: nordwestl. des Ortes auf einer
steilen Anhöhe, Naturschutzgebiet
LK Harz
06493 Harzgerode/OT Mägdesprung
Frei zugänglich

KELBRA

Ruine. Erhalten: Bergfried (H. 15 m,
Ø 7 x 7 m), Reste des Palas. Burg erbaut:
um 1200, zerstört 1525.
Lage: am nördl. Stadtrand

LK Mansfeld-Südharz, 06537 Kelbra
Außenanlagen frei zugänglich

KÖNIGSBURG

Ruine. Erhalten: Reste des Bergfrieds,
der Mauern, des Brunnens und der Wall-
anlagen. Burg erbaut: 10. Jh., verfallen
ab 16. Jh.
Lage: auf einer Anhöhe über dem Zusam-
menfluss von Warmer und Kalter Bode
LK Harz
38889 Elbingerode/OT Königshütte
Frei zugänglich

LANDSBERG

Erhalten: Doppelkapelle mit drei Apsi-
den. Wenige Mauerreste. Burg erbaut:
Ende 12. Jh., im Sommerhalbjahr Kon-
zerte in der Kapelle.
Lage: Burgberg östl. des Stadtzentrums
Saalekreis, 06188 Landsberg
Außengelände frei zugänglich.
Besichtigung der Kapelle nur mit
Führung: Mai–Okt. Sa. 15 Uhr,
So. 11/15 Uhr und ganzjährig nach
Vereinbarung
Museum Bernhard Brühl
Hillerstraße 8, 06188 Landsberg
Tel.: (03 46 02) 2 06 90

LOBURG

Burgreste. Erhalten: Bergfried mit Aus-
sichtsplattform (H. 30 m, Ø 11 m, Mauer-
stärke 3,5 m), Kellergewölbe, Reste des
Burgwalls. Burg erbaut: 10. Jh.
Lage: am nordwestl. Stadtrand
LK Jerichower Land, 39279 Loburg
Außenanlagen frei zugänglich

NEBRA

Burgruine. Erhalten: Reste des Palas, eines Treppenturms, Fragmente der Kapelle, mehrere Portale, Teile des Zwingers. Burg erbaut: 12. Jh., aufgelassen 1747.

Lage: Ortsmitte, neben dem Neuen Schloss

Burgenlandkreis, 06642 Nebra

Außenanlagen hinter Absperrung zu besichtigen. Gewölbekeller nur zu Veranstaltungen

Schlosshotel Himmelsscheibe Nebra (s. S. 50)

Tel.: (03 44 61) 2 52 18

www.schlosshotel-himmelsscheibe.com

Restaurant: Mo.–Fr. 17–23 Uhr, Sa. 11–23 Uhr, So. 11–21 Uhr

SCHLOSS PLÖTZKAU

Burgreste in einem Schlossbau (1566–1573) mit barocken Umbauten um 1720. Erhalten: Bergfried, zum Teil im Schlossturm integriert. Burg erbaut: 11. Jh.

Lage: am östl. Ortsrand

Turmmuseum

(über Schloss Plötzkau e. V.)

Tel.: (03 46 92) 2 89 44

www.schloss-ploetzkau.de

Salzlandkreis. 06425 Plötzkau

Mo.–Fr. 10–16 Uhr, Sa./So. u. Feiertage 11–16 Uhr

Außenanlagen und Innenhof frei zugänglich, Führungen (Museum und Gesamtanlage) möglich

Trauungen auf der Burg

Verwaltungsgemeinschaft Saale-Wipper

Tel.: (03 92 62) 87 70

QUESTENBERG

06536 Questenberg

Ruine. Erhalten: Bergfried (H 7 m, Ø 8,80 m), Mauerreste, Kellergewölbe. Burg erbaut: 1200/1250, zerstört nach 1633.

Lage: auf einer Bergzunge über dem Ort

LK Mansfeld-Südharz

Frei zugänglich

ROGÄTZ

Burgrest, erhalten: Wohnturm (Klutturm) (H ca. 30m Ø 11,6 x 13,1 m) Burg erbaut: 12. Jh. , zerstört 1626.

Lage: Ortsmitte, vor dem Elbdeich

Tel.: (03 92 08) 27 40 (Gemeindeverwaltung)

LK Börde, 39326 Rogätz

Besichtigung auf Anfrage

ROSEBURG

1905–1925 durch den Architekten Bernhard Sehring auf alten Fundamenten erbaute Anlage im Stil der Burgenromantik. Mit Aussichtsturm, Café und Parkanlagen. Nutzung: Privatbesitz.

Lage: an der L242, 6 km westl. v. Ballenstedt

LK Harz, 06507 Rieder

www.roseburg-harz.de

Besichtigung auf Anfrage

Roseburg-Café

Tel.: (0 39 46) 6 28 13 63

www.roseburg-cafe.de

Vermietung eines romantischen Doppel-Zimmers im Burgturm

Tgl. ab 11 Uhr

Die Doppelkapelle von Landsberg, der imposante Rest einer vormals mächtigen Burg

SALZWEDEL

Burgrest, erhalten: Bergfried (H. noch
24 m). Burg erbaut: 9. Jh., Abbruch 1899.
Lage: im Burggarten am Rande der Altstadt
Altmarkkreis Salzwedel
29410 Hansestadt Salzwedel
Frei zugänglich

SCHLANSTEDT

Burgreste integriert in ein Renaissance-
schloss v. 1524. Erhalten: Bergfried mit
Aussichtsplattform (H. 25 m, Ø 8 m,
Mauerstärke 2,8 m), Torturm (Ø 9 x 9 m)
Burg erbaut: 11. Jh., 1616/17 Umbau zur
Domäne, heute Privatbesitz.
Burg Schlanstedt GbR
LK Harz, 38838 Huy/OT Schlanstedt
Tel.: (03 94 01) 6 39 33
Besichtigung mit Führung
Burgschänke „Graf Heinrich"
Tel.: (03 94 01) 6 39 33

www.burg-schlanstedt.info
Vermietung von alt eingerichteten Zim-
mern, u. a. im Templer-Turm (s. S. 80)
Tgl. ab 12 Uhr (Sommerzeit),
Fr.–Mo. ab 12 Uhr (Winterzeit)

SEEHÄUSER WARTE

Wartturm. Dreigeschossiger quadra-
tischer Turm. Erbaut: 15. Jh., 19. Jh.
aufgestockt. Ehemaliger Wachturm der
Magdeburgischen Landwehr.
Lage: an der Straße nach Siegersleben
LK Börde, 39365 Seehausen
Nur Außenbesichtigung möglich

STAPELBURG

Umfangreiche Reste des Palas, weitere
Mauerreste aus der Bauzeit. Burg er-
baut: 13./14. Jh.
LK Harz, 38871 Stapelburg
Frei zugänglich

STECKLENBURG

Ruine. Erhalten: Mauerreste des Berg-
frieds (H noch 18 m, Ø 9 x 9 m). Burg
erbaut: Ende 11. Jh., zerstört 1834.
Lage: auf dem Ramberg über dem Ort
LK Harz, 06507 Stecklenberg
Frei zugänglich

VELTHEIMSBURG

Ruine. Erhalten: Bergfried (H 11m,
Ø 9,8 m), Mauerreste, Burg erbaut:
frühes 13. Jh., Um- und Ausbau zum
Schloss im 18.–20. Jh. Heute Privat-
besitz.
LK Börde
Burgstraße 16, 39343 Bebertal
Außenanlagen frei zugänglich
Trauungen auf der Burg
www.veltheimsburg-bebertal.de

WALTERNIENBURG

Ursprüngl. slawische Wasserburg 10. Jh.
Erhalten: Bergfried 14. Jh. (H 30 m, Ø mit
Fachwerkaufsatz (18. Jh.), Teile der Ring-
mauer, Wall-Graben-System, Ortsmuse-
um im Bergfried.
Lage: am Ufer der Nuthe
LK Anhalt-Bitterfeld
An der Burg, 39264 Walternienburg

WANZLEBEN

Burgreste. Erhalten: Bergfried (H ca.
30 m, Ø 9,3 x 11 m, Mauerstärke 2,7 m),
Torturm, Mauerreste. Burg erbaut:
Mitte 10. Jh. Heutige Nutzung: Hotel-
anlage.
LK Börde
Am Amt 1, 39164 Wanzleben

Hotel Burg Wanzleben
(s. S. 158)
Trauungen auf der Burg
www.burg-wanzleben.de

WESTERBURG

Älteste und am besten erhaltene
Wasserburg Deutschlands. Burg erbaut:
ab 770, urkundlich erwähnt 1052.
Bergfried (H 33 m), Nutzung: Hotel-
anlage.
Westerburg 34
38836 Westerburg-Dedeleben
*Romantik-Hotel Wasserschloss
Westerburg*
(s. S. 80)
Trauungen auf der Burg
www.hotel-westerburg.de

ZILLY

Wasserburg. Erhalten: Kernburg mit
Palas und Bergfried (H. 30 m), reiche
Wappenfriese an den Gebäuden im
Innenhof der Kernburg. Burg erbaut:
frühes 14. Jh. Betreuung durch Förder-
verein.
LK Harz
Gemeinde Aue-Fallstein, 38835 Zilly
*Förderverein der Wasserburganlage
Zilly e. V.*
Tel.: (03 94 21) 7 93 35
www.burg-zilly.de
**Anlage frei zugänglich, Besichtigung
des Kernbereichs im Sommer jeweils
So. 14–17 Uhr (Homepage)**
Trauungen auf der Burg
Standesamt Osterwieck
Tel.: (03 94 21) 7 93 38

BURG- UND MITTELALTERFESTE

★ ENTDECKER-TIPP

Unabhängig von diesen Terminen finden auf vielen Burgen rund um das Jahr weitere Veranstaltungen statt. Informationen unter den angegebenen Internet-Adressen.

APRIL

■ **Burg Arnstein** (Ostern), Osterfeuer
www.arnstein-online.de

■ **Schönburg**, Mittelalterfest
www.schoenburg.de

■ **Burg Giebichenstein**, Burgenfest
www.halle.de

■ **Bernburg** (30. April), Mittelaltermarkt und Walpurgisfest • www.bernburg.de

■ **Burg Arnstein** (30. April) Walpurgisnacht Ostern: Osterfeuer www.arnstein-online.de

■ **Konradsburg** (30. April), Walpurgisnacht auf der Burg • www.dome-schloesser.de/konradsburg.html

■ **Neuenburg** (30. April), Walpurgisnacht-Rock www.walpurgis.schloss-neuenburg.de

■ **Wasserburg Roßlau** (30. April–3. Mai) Walpurgisnächte www.mittelalter-rosslau.de

Beim Ritterturnier auf dem Regenstein

MAI

◾ **Neuenburg** (Pfingsten), Pfingst-Rit-
terspiele • www.schloss-neuenburg.de

JUNI

◾ **Bernburg**, Schlossbergfest
www.bernburg.de
◾ **Neuenburg**, Internationale Tage der
mittelalterlichen Musik „montalbâne"
www.montalbane.de
www.schloss-neuenburg.de
◾ **Burg Ummendorf**, Kräutergarten-
Fest • www.boerde-museum-burg-
ummendorf.de
◾ **Burg Querfurt** (3. WE), Burgfest
www.querfurt.de
◾ **Saaleck** (3. WE), Burgfest
www.burg-saaleck.info

JULI

◾ **Wasserburg Egeln**, Bauern- und Kräu-
termarkt • www.wasserburg-egeln.de
◾ **Oebisfelde**, Burgfest m. Mittelaltermarkt
◾ **Burg Regenstein** (4. WE), Burgfest
mit Reiterkämpfen und Belagerung

AUGUST

◾ **Wasserburg Roßlau,** Burg-Theatersommer • www.burgrosslau.de
◾ **Wasserburg Egeln**, Mittelalterliches
Burgspektakel
www.wasserburg-egeln.de
◾ **Burg Kalbe**, Burgfest
www.tourismus-kalbe.de

SEPTEMBER

◾ **Burg Wettin**, Burgfest mit Mittelaltermarkt • www.wettin.de

◾ **Apenburg** (1. WE), Mittelalterliches
Burgfest
◾ **Burg Tangermünde** (2. WE), Burgfest
www.tangermuende.de
2. Sonntag im Monat: bundesweiter
Tag des offenen Denkmals. Auf allen Burgen werden den Besuchern sonst ver-
schlossene Räume zugänglich gemacht.

OKTOBER

◾ **Burg Falkenstein**, mittelalterliches
Burgfest • www.dome-schloesser.de/
falkenstein.html

NOVEMBER

◾ **Bernburg** (11. Nov.), Till-Befreiung
aus dem Eulenspiegelturm
www.bernburg.de
◾ **Neuenburg**, St.-Martins-Markt auf
der Burg • www.schloss-neuenburg.de

DEZEMBER

◾ **Burg Ummendorf** (1. Advent),
Weihnachtsmarkt in und vor der Burg
www.boerde-museum-burg-
ummendorf.de
◾ **Burg Falkenstein** (1. Advent),
Weihnachtsmarkt auf der Burg
www.dome-schloesser.de/
falkenstein.html
◾ **Wasserburg Egeln** (3. Advent),
romantische Burgweihnachten
www.wasserburg-egeln.de
◾ **Burg Querfurt**, Weihnachtszauber
auf Burg Querfurt mit Zuckerbäckerei
und Musik • www.querfurt.de
◾ **Neuenburg** (31. Dez.), Silvester-Spek-
takulum • www.schloss-neuenburg.de

KLEINE BURGENKUNDE

Abwurfdach: Holzdach auf Burggebäuden, das schnell abgeworfen werden konnte. Man minderte dadurch die Brandgefahr und gewann freie Wehrplatten für die Verteidigung.

Altan: ein hoher Freisitz bzw. Balkon auf Konsolen, mit und ohne Dach.

Angstloch: vgl. Verlies.

Apsis: Altarraum einer Burgkapelle (Kirche), halbrund (romanisch), später erkerförmig, mehrere Apsiden möglich.

Belagerung: Die Mehrzahl der Burgen wurde nicht durch einen Frontalangriff bezwungen, sondern durch Belagerungen und Aushungern der Besatzung. Beschossen wurde die Burg mit Brandpfeilen und griechischem → Feuer, Wurfmaschinen beförderten mit Kot gefüllte Fässer, Aas, Bienenstöcke oder tote Gefangene über die Mauern. Im 14. und 15. Jh. kam Geschützfeuer dazu. Um eine schnellere Entscheidung zu erzwingen, wurden Belagerungstürme eingesetzt, auch die Untergrabung und Sprengung der Mauern war Praxis. Nicht selten fiel eine Burg durch Verrat.

Beleuchtung: Ursprünglich Kienspan, auch Öllampen. Das meiste Tageslicht kam durch die vorwiegend sehr schmalen Fenster oder eine hohle Mittelstütze in die Räume.

Bergfried: (bergende Einfriedung), das höchste und stärkste Bauwerk einer Burg. Gelegentlich gab es mehrere Bergfriede. Ursprünglich aus Holz, ab 9. Jh. Naturstein, auch Backstein. Hauptform: rund (sehr widerstandsfähig gegen → Rammböcke), es gibt sie auch recht- und mehreckig. Typisch: Sehr hoch gelegener enger Eingang, Zugang nur über Leitern. Die heutigen Eingänge sind fast alle erst im 19. Jh. eingebrochen worden. Im Inneren mehrere durch Leitern verbundene Geschosse. Oberste Decke als Wehrplattform hinter Zinnen (Brustwehr). Diente als letzter Rückzugsort und Ausguck. Position meist an der Hauptangriffsseite.

Bergnase: auch Bergzunge, Ende eines Gebirgsstockes mit an drei Seiten steil abfallenden Böschungen bzw. Felswänden. Bevorzugter Platz beim Bau von Höhenburgen im mitteldeutschen Raum.

Bruchsteinmauerwerk: aus nicht oder nur wenig bearbeiteten Natursteinen. Mit dem Hammer zerschlagene Natursteine dienten, mit Mörtel gebunden, auch als Füllmaterial (Füllwerk ohne Schichtung) zwischen der äußeren und inneren Schale einer Mauerung.

Burg: von pýrgos (griech.), burgus (lat.). Befestigte Wohnstätte. Unterschieden werden nach topografischen Gegebenheiten gebaute Grundtypen. Die leicht zu verteidigende *Höhenburg* auf einem nach allen Seiten steil abfallenden Felsen oder einer Bergzunge. Die *Niederungsburg* in der Ebene, die durch aufwändige Wall- und Grabenanlagen

▶ Die Seehäuser Warte (s. S. 162)

sowie Mauern gesichert werden muss-te. Die *Wasserburg* auf einer Insel oder Halbinsel, die durch einen gefluteten Halsgraben zu einer Insel gemacht wur-de. Wasserburgen entstanden auch, wenn künstliche Gräben besonders breit gegraben und geflutet wurden. *Sumpf-burgen* galten als besonders sicher, sie waren praktisch unangreifbar. Nach Verwendungszweck und Eigentümer werden u. a. unterschieden: Volks- und Fluchtburgen, Reichsburgen, Adelsbur-gen, Klosterburgen, Ganerbenburgen (Besitz und Wohnort mehrerer Erben eines Rittergeschlechts), Ritterburgen (wehrhafter Wohnbau eines Ritters).

Burgfrieden: ein Bezirk um die Burg, in dem Frieden und Sicherheit vom Burg-herren garantiert wurden.

Burgward: Die Markgrafschaften waren ab 961 im östlichen Grenzland in Burg-bezirke, sogenannte Burgwarde (Militär-bezirke), gegliedert, es gab sie auch im eroberten Land (10.–13. Jh.). Zweck war die koordinierte Verteidigung der Gren-zen und Grenzburgen sowie die Organi-sation des Heeresaufgebots.

Dachdeckung: anfangs Stroh, dann Holzschindeln, später Schieferplatten, auch Bleiplatten, gebrannte Dachziegel aus Lehm bzw. Ton (vgl. Abwurfdach).

Fallgatter oder -gitter: ein in Schie-nen laufender Balkenrost mit eisernen Spitzen, der schlagartig das Burgtor verschließen konnte.

Fenster: Sie wurden fast ausschließlich mit Holzläden, auch mit Fellen und ge-wachster Leinwand geschlossen bzw.

abgedichtet. Glas (kleinteilige Butzen-scheiben in Bleifassung) kam erst im 12. Jh. auf, hatte sich aber im 15. Jh. noch nicht allgemein durchgesetzt.

Futtermauer: zumeist Ziegelmauer-werk, um Unebenheiten im anstehen-den Fels auszugleichen, auch als Unter-lage für Ringmauern.

Geschütze/Feuergeschütze: in Euro-pa zuerst 1326 in Florenz eingesetzt. In Deutschland ab 1334, u.a. 1348 gegen die Rudelsburg. Es gibt viele Arten mittel-alterlicher Geschütze – z.B. Feldschlan-gen, Bombarden, Basilisken, Riegelbüch-sen, Mörser –, die bei Belagerungen und Verteidigungen eingesetzt wurden.

Geschützturm (auch Bastion oder Rondell): seit etwa 1500 in die Vertei-digungsanlagen integriert. Mächtige, meist runde in die äußere Ringmauer oder ganz vor sie gestellte Türme mit sehr starken Mauern, mehreren Ebenen und zahlreichen Schießscharten.

Grabenformen: Sohlgraben mit U-Pro-fil, Spitzgraben mit V-Profil.

Griechisches Feuer: Brandsatz aus Schwefel, Baumharz, Weinstein, Pech, Kochsalz, Öl. Nur mit Urin, Sand oder Weinessig zu löschen.

Halsgraben: Sehr tiefer Graben, der die auf einer Bergnase liegende Burg vom Gebirgsstock (Angriffsseite!) trennt.

Helm: 1. steinerne Krönung eines Berg-frieds oder Kaminschlotes, oft erst spä-ter an Stelle eines Abwurfdaches auf-gesetzt. 2. Kopfschutz aus Leder, später mit Eisen besetzt, dann völlig aus Metall. Vielfältige Formen, mit und ohne Visier.

Kämpfer: Bauglied, nimmt den Druck eines Gewölbes oder eines Balkens auf und leitet ihn gezielt auf eine Säule oder einen Pfeiler weiter.

Kapitell: Bauglied zwischen einem Pfeiler oder einer Säule, dem → Kämpfer und dem aufliegenden Bauteil (z. B. Balken oder Gewölbebogen). Oft reich verziert.

Kasematte: besonders bombenfester Raum unter einer Mauer oder einem Wall. Bereitschaftsraum für Mannschaften, Lagerraum für Waffen.

Kastell: (lat. Castellum) Schanzlager, befestigter Ort, Militärstützpunkt.

Kemenate: beheizbarer Raum im → Palas mit Kamin (später Kachelöfen), meist den Frauen und Kindern vorbehalten.

Konsole: aus der Mauer vorspringendes Bauteil zur Auflagerung von Erkern, → Altanen und Wehrgängen.

Kreuzritter: europäische Ritter im Heer der Kreuzfahrerstaaten. Sie führten die religiös, aber auch ökonomisch motivierten acht *Kreuzzüge* zwischen 1096 und 1270 zur Befreiung des Heiligen Landes an. Die Kreuzritter bildeten eigene Orden und gründeten im Nahen Osten eigene Staaten. Ihre Erfahrungen flossen in den europäischen Burgenbau ein.

Lehen/Lehnswesen: in Deutschland aus dem germanischen Gefolgschaftswesen entstanden. Der Lehnsherr, der Eigentümer von Grund und Boden (ursprünglich nur der König, später auch Herzöge, Markgrafen, geistliche Würdenträger etc.) verlieh einem Mann seiner Gefolgschaft Land auf Lebenszeit (oft vererbbar). Der Lehnsmann (Vasall)

hatte im Gegenzug Treue zu geloben und eine Reihe von Diensten zu leisten, u. a. Zinszahlungen und Waffendienst.

Mannloch, auch Katzenloch: kleiner, enger Durchschlupf neben dem Burgtor, z. B. für Boten.

Ministerialer: unfreier Mann im Dienst eines Königs oder hohen Adligen; arbeitete am Hof in der Verwaltung. Aus den Ministerialen entstand im Hochmittelalter der Dienst- bzw. Ministerialadel.

Mittelalter: *Frühmittelalter:* 5.–11. Jh. Völkerwanderung, Christianisierung Europas, Burgenbau, Anfang des römisch-deutschen Kaiserreiches. *Hochmittelalter*: 11.–13. Jh. Blütezeit des Rittertums, des Minnesangs. Kreuzzüge. Ausbau des Lehnswesens. *Spätmittelalter:* 13.–Anfang 16. Jh. Beginn der Geldwirtschaft, Aufstieg der Städte, Einsatz von Feuerwaffen. Durch neue Waffentechnik sowie Festigung der Geldwirtschaft wurden die Burgen bedeutungslos, Untergang des Rittertums.

Palas: größtes Gebäude einer Burg. Im Zentrum ein Saal für Versammlungen und Feste. Ab 19. Jh. auch „Rittersaal" genannt. Nebengelasse als Wohnräume. Meist zwei Geschosse und ein Keller.

Palisade: Zaun aus dicht eingerammten spitzen Pfählen um einen Wohnsitz bzw. eine Fluchtburg (Frühmittelalter), später durch die Ringmauer (Bering) abgelöst.

Pechnase, auch Gussnase: Erker, oft reich verziert, oder einfache Austrittsöffnung an einer Außenmauer oder dem → Bergfried zum Begießen eines Feindes mit glühendem Pech oder anderem.

Pfalz: seit den Karolingern meist unbefestigte Höfe der Könige bzw. Kaiser. Für deren zeitweiligen Aufenthalt und den ihres Gefolges bestimmt. Unter den Staufern aufwändig geschmückt.

Plattform, auch Wehrplatte: oberer Abschluss eines Turms, mit Zinnen als Brustwehr für Schützen.

Rammbock oder Mauerbrecher: Waagerecht und pendelnd aufgehängter starker Balken mit Metallkopf zum Einrammen von Mauern und Toren.

Raubritter: Ab Ende des 14. Jh., verarmte → Ritter, die sich ihren Unterhalt durch Raubzüge und Überfälle sichern wollten. Meist durch Aufgebote der Städte geschlagen. In vielen Fällen wurden ihre Burgen geschleift (→ Schleifung).

Ringgraben: meist nur bei Niederungsburgen. Vor der Ringmauer (dem Bering) die Burg umgebender trockener oder mit Wasser gefüllter Graben.

Ritter: (von Reiter) Berittener Krieger, der sich vom Berufs- zum Geburtsstand, also einem elitären Stand entwickelte (Schwertadel). Der Ritter musste drei Dinge beachten: Unbedingte Treue gegenüber Gott und dem König (bzw. Lehnsherrn) und Wahrung seiner Würde und der Ehre seines Standes. Außerdem musste er „sieben Künste" beherrschen: Reiten, Schwimmen, Bogenschießen, Schwertkampf, Jagen, Schachspielen und die Verskunst. Er sollte Französisch und Latein verstehen und sprechen. Lesen und Schreiben waren nicht zwingend gefordert. Als „Berufskrieger" war der Ritter mit einer bestimmten Anzahl seiner Hörigen zum Waffendienst verpflichtet. Als Inhaber eines → Lehen (Land und hörige Bauern) war er stellvertretend für den Lehnsherrn territorialer Herrscher, Administrator, Gesetzgeber und Richter in einer Person.

Rittersaal: Größter Raum im → Palas, der Begriff ist erst seit der Ritterromantik im 19. Jh. gebräuchlich.

Ritterschlag: Zeremonie der Aufnahme des 21-jährigen Knappen durch die Schwertleite (symbolischer Schlag mit dem Schwert) in den Ritterstand.

Rondell: vgl. Geschützturm.

Rüstung: Mehrteiliger eiserner Körperschutz: → Helm mit Visier, Halsbrünne (Kettengewebe), Ringelhemd bzw. Kettenpanzer, mehrteiliger Plattenharnisch. Immer weiter vervollkommnet bedeckte die Rüstung um 1400 den gesamten Körper einschließlich der Arme, Hände und Füße. Gewicht: 20–25 kg. Zwischen Kampf- und Turnierrüstung wurde unterschieden. Im frühen 16. Jh. bekamen auch die Pferde Teilrüstungen. Gegen Langbogenschützen, Armbrustschützen und Handfeuerwaffen, gegen bewegliche, mit Spießen und Hellebarden ausgerüstete und geschulte Fußtruppen nutzte diese Panzerung jedoch wenig.

Schalenturm: nach hinten offener Wehrturm, auch Halbschale genannt.

Scharte, Schießscharte: Ein Mauerschlitz, um Schützen den geschützten Blick auf das Ziel zu ermöglichen. Zahlreiche Formen und Größen (je nach Waffe und Kaliber), u.a. Maul-, Hosen- und Schlüsselscharten.

Schildmauer: besonders hohe und breite Schutzmauer (bis zu 30 m hoch und 12 m breit) an der Angriffsseite ab Anfang 13. Jh. als Reaktion auf den Einsatz von Geschützen.

Schleifung: Abbruch einer → Burg. Dazu gab es Rechtsgrundlagen. Sie sind in einem Kommentar zum Sachsenspiegel festgehalten: „Der Richter soll zum Ersten mit einem Beil drei Schläge gegen die Burg oder gegen ein Gebäude führen, die durch Urteil zum Abbruch bestimmt sind. Dann sollen alle Landleute mit Hauen und Stoßen dabei helfen. ... Den Graben und den Wall soll man mit dem Spaten ebnen. Alle, die in dem Gericht ansässig sind, die sollen dabei bei eigener Verköstigung helfen, wenn sie dazu mit Gerüste geladen werden."

Söller (Solarium): offener → Altan an der Sonnenseite.

Streichwehr: vorspringender Turm mit seitlichen Schießscharten, um den Graben „bestreichen" zu können.

Torwerk: Gesamtheit eines Torbaues, mit Torturm, innen liegender Halle, Torweg (oft gebogen, um einen Frontalangriff zu erschweren), mit links und rechts liegenden Mauern und Vortoren, flankiert von Türmen. Davor Zugbrücke und darunter liegender Wassergraben oder Wolfsgrube (mit spitzen Palisaden besetzter Trockengraben).

Turnier: mehrtägiges festliches ritterliches Kampfspiel, meist zu Pferd (Lanzenstechen) und zu Fuß nach strengen Regeln, kaum in der Burg durchführbar, also auf offenem Feld.

Unterirdischer Gang: falls vorhanden, dann nur als verdeckter Zugang zum Brunnen und als Fluchtweg für einen Mann, der Entsatz herbeirufen sollte. Gänge zu anderen Burgen gehören in den Bereich der Sage.

Verlies: Gefängnis, meist im untersten Raum des → Bergfrieds, tür- und fensterlos, Gefangene wurden mit einem Seil durch das sogenannte Angstloch hinabgelassen.

Veste: Im → Mittelalter auch Bezeichnung für eine Burg.

Vorburg: der Hauptburg als „Prellbock" vorgelagert. Enthält vor allem Wirtschaftsbauten, aber auch Verteidigungsanlagen.

Warte: freier Turm als Ausguck an der Grenze eines Herrschaftsbereiches.

Wehrgang: auf der Ringmauer oft auch in Gebäuden laufender Gang für die Verteidiger, mit Brustwehr, Zinnen und → Schießscharten, nach innen oft offen, um auf eindringende Feinde besser schießen zu können.

Wurfmaschinen: Auf Hebelwirkung beruhende Belagerungsgeschütze sind seit der Antike in Gebrauch. Bei einer Hebellänge von z. B. 8 m und einem Gegengewicht von 1.500 kg konnte ein Stein von 100 kg etwa 75 m weit geschleudert werden, geringere Gewichte bis zu 500 m.

Zwinger: Raum zwischen Umfassungsmauern, meist zwischen der äußeren und inneren Ringmauer. Hier sollte der eingedrungene Feind bezwungen werden. Oft als Gehege mit freilaufenden Bluthunden, Bären und Wölfen besetzt.

PRAKTISCHE HINWEISE

NOTFALLNUMMERN

Polizei: 1 10
Feuerwehr, Rettungsdienst,
Notarzt: 1 12
Sperrung von EC-Karten: (0 69) 74 09 87
und (01 80) 5 02 10 21
Ärztlicher Notdienst/Krankentransport/
Rettungsleitstelle: 1 92 22

AUTO

ADAC-Pannenhilfe: (01 80) 2 22 22 22
ACE-Pannenhilfe: (01 80) 2 34 35 36
Zentralruf der Autoversicherer:
(01 80) 2 50 26

INFORMATIONEN UND TOURISMUSVEREINE

Deutsche Burgenvereinigung e. V.,
Landesgruppe Sachsen-Anhalt
Dr. P. Herrmann-Trost
Herrenhaus Beesedau, Dorfstraße 49
06425 Beesedau
www.burgen-in-sachsen-anhalt.de

TOURISMUSVERBAND DES LANDES SACHSEN-ANHALT

IMG – Investitions- und Marketinggesellschaft Sachsen-Anhalt mbH
Am Alten Theater 6, 39104 Magdeburg
Tel.: (03 91) 5 67 70 80
www.sachsen-anhalt-tourismus.de

Dessau-Roßlau

Tourist-Information, Zerbster Straße 2 c
06844 Dessau-Roßlau
Tel.: (03 40) 2 04 14 42 • 1 94 33
Zentrale Buchungsstelle für Hotel- und
Privatzimmer: Tel.: (03 40) 2 20 30 03
www.dessau-rosslau-tourismus.de

Freyburg

Freyburger Fremdenverkehrsverein e. V.
Markt 2, 06632 Freyburg
Tel.: (03 44 64) 2 72 60 • 1 94 33
www.freyburg-info.de

Halle

Stadtmarketing Halle (Saale) GmbH
Markschlösschen 13, 06108 Halle (Saale)
Tel.: (03 45) 1 22 79 10
www.stadtmarketing-halle.de

Harz

Harzer Verkehrsverband e. V.
Marktstraße, 38640 Goslar
Tel.: (0 53 21) 8 34 04-0
www.harzinfo.de

Naumburg

Saale-Unstrut-Tourismus e. V.
Lindenring 34, 06618 Naumburg
Tel.: (0 34 45) 23 37 90
www.saale-unstrut-tourismus.de

Zeitz

Zeitz-Information
Altmarkt 16, 06712 Zeitz
Tel.: (0 34 41) 8 32 91

INFORMATION IM INTERNET

www.dome-schloesser.de • www.burgen-in-sachsenanhalt.de
www.ritterburgen.de • www.burgeninventar.de • www.burgenwelt.de/anhalt.htm

REGISTER

ABBILDUNGSNACHWEIS

Archiv Museum Egeln: S. 2, 137, 158

Henrik Bollmann: S. 51, 72, 77, 78 u., 82, 84, 96/97, 159

Birgit Katins Coex: S. 164

Fotolia.com/Matthias Knochenhauer: S. 153

Kurt Fricke: S. 1, 7, 9, 10, 15, 19, 20, 22/23, 24, 25, 26/27, 28, 29, 37, 45, 48, 81, 89, 91, 92, 95, 98, 101, 103, 106, 109, 110, 113, 117, 119, 122, 129, 130, 131, 132, 133, 134, 136, 167

Björn Gäde (Wikimedia Commons, lizenziert unter GNU-Lizenz für freie Dokumentation): S. 145, 146, 151

Gunter George: S. 162

Investitions-und Marketinggesellschaft Sachsen-Anhalt/Fotos: Michael Bader: S. 127, 155

Michael Pantenius: S. 12, 14, 17, 31, 32, 33, 34, 38, 43, 52, 53, 55, 58, 60, 61, 63, 67, 68, 69, 73, 75, 78 o., 88, 100, 114, 121, 124, 139, 141, 142, 165

Ringhotel Schloss Tangermünde: S. 156

Stadt Kalbe/Milde: S. 148

Stiftung Dome und Schlösser in Sachsen-Anhalt/Thomas Tempel: S. 6, 35, 39, 40, 42, 65

Cover: die Rudelsburg (Foto: Christian Pürschel)

S. 1 Burgkirche von Burg Querfurt, S. 4/5: Rudelsburg, Neuenburg, Burg Querfurt, Wasserburg Egeln, Burg Giebichenstein, Burg Ummendorf (Fotos: Kurt Fricke), Burg Falkenstein, Regenstein, Königspfalz Tilleda (Fotos: Michael Pantenius), Mittelalterfest auf der Schönburg (Foto: Volker Kutzner)

Umschlagfotos hinten: Burg Falkenstein, Mittelalterfest auf Burg Giebichenstein (Fotos: Michael Pantenius), Blick zur Neuenburg (Foto: Kurt Fricke)

Ritter-Icon: Julita Jankowska-Barrot (www.julitajaba.com)

Innenaufnahmen mit freundlicher Genehmigung des Börde-Museums Burg Ummendorf, des Museums „Kloster und Kaiserpfalz Memleben", des Museums Burg Falkenstein, des Museums Schloss Neuenburg, der Stiftung Moritzburg – Kunstmuseum des Landes Sachsen-Anhalt

DANKESCHÖN

Autor und Verlag danken allen Personen und Institutionen, die zur Qualität dieses Buches beigetragen haben, namentlich: Horst Gottschling, Burg-AG Flecken Apenburg-Winterfeld; Peter Hahne, Förderverein „Burg Rosslau" e.V.; Siegfried Jahn, Oebisfelder Heimatverein e.V.; Friedrich Keitel, Burg und Schloss Seeburg; Uwe Lachmuth; Elisabeth Ozminski, Altmärkischer Tourismusverein Kalbe (Milde) e.V.; Annemarie Rockmann, Heimatverein Freckleben e.V.; Thomas Tempel; Andrea Stange, Heimatverein Harkerode; Karl-Heinz Tischner, Heimatverein Saaleck e.V.

DR. MICHAEL PANTENIUS,
geb. 1938, Kulturwissenschaftler, Historiker. Arbeitete als Werbe- und Presseleiter bei Buchverlagen, Feuilletonchef einer Tageszeitung, Lektor und Redakteur, lebt bei Halle, zahlreiche Veröffentlichungen zu Halle und zur Geschichte und Kulturlandschaft Mitteldeutschland.

Haftungsausschluss
Die Angaben in diesem Reiseführer wurden gewissenhaft überprüft. Für die Aktualität, Korrektheit und Vollständigkeit übernimmt der Autor keine Haftung.
Der Autor distanziert sich aus rechtlichen Gründen von allen Inhalten der aufgeführten Internetseiten. Auf aktuelle und zukünftige Gestaltung, die Inhalte oder Urheberschaft der angeführten Internetseiten hat der Autor keinen Einfluss.

Redaktionsschluss: Juni 2010

2010
© mdv Mitteldeutscher Verlag GmbH, Halle (Saale)
www.mitteldeutscherverlag.de

Gesamtherstellung: Mitteldeutscher Verlag, Halle (Saale)

ISBN 978-3-89812-741-7

Printed in the EU